中小学课堂教学改进丛书

主编 胡庆芳 王洁

点评课堂：

博览教学改进的智慧

BOLAN JIAOXUE GAIJIN DE ZHIHUI

DIANPING KETANG

胡庆芳 等 著

教育科学出版社

·北京·

出 版 人 　所广一
责任编辑 　王峥媚
责任校对 　贾静芳
责任印制 　曲凤玲

图书在版编目（CIP）数据

点评课堂：博览教学改进的智慧/胡庆芳等著. —北京：
教育科学出版社，2012.3
（中小学课堂教学改进丛书/胡庆芳，王洁主编）
ISBN 978-7-5041-6303-5

Ⅰ.①点… 　Ⅱ.①胡… 　Ⅲ.①课堂教学-教学研究-
中小学 　Ⅳ.G632.421

中国版本图书馆 CIP 数据核字（2012）第 018320 号

中小学课堂教学改进丛书
点评课堂：博览教学改进的智慧
DIANPING KETANG BOLAN JIAOXUE GAIJIN DE ZHIHUI

出版发行　　教育科学出版社

社　　　址　北京·朝阳区安慧北里安园甲 9 号　　市场部电话　010—64989009
邮　　　编　100101　　　　　　　　　　　　　　编辑部电话　010—64989394
传　　　真　010—64891796　　　　　　　　　　网　　　址　http://www.esph.com.cn

经　　　销　各地新华书店
印　　　刷　莱芜市东方彩印有限公司　　　　　　版　　　次　2012 年 3 月第 1 版
开　　　本　170 毫米×228 毫米　16 开　　　　印　　　次　2012 年 3 月第 1 次印刷
印　　　张　13.5　　　　　　　　　　　　　　　印　　　数　1—6 000 册
字　　　数　216 千　　　　　　　　　　　　　　定　　　价　28.00 元

如有印装质量问题，请到所购图书销售部门联系调换。

专业透视课堂问题，范例诠释教学改进

　　课堂观察和在此基础上的诊断改进是一种重要的、常规的，也是"专业性的教研活动"。课堂教学问题的诊断到位，有利于教学问题本身的顺利解决，同时也有助于教师之间相互学习，切磋技艺，从而优化教学艺术，实现专业水平的共同提高。在新旧课程转型的过程中，传统教研实践活动中重要的观课环节还没有真正充分体现课堂观察与问题诊断的专业性，凭经验进行判断的现象还比较突出，这些问题的存在制约了课堂教学问题的解决。在国内当前的课堂观察实践中，归纳起来主要存在以下几个方面的问题和不足。

　　1. 直接进入教学情境进行观察，淡化观察前对教学内容及教学目标的了解。课堂观察作为一种实践研究和问题诊断的专业活动，要求我们在进入课堂前对要观察的教学内容以及当堂课教学所要达成的目标有充分了解。这种充分的了解是观察的准备和前提，它使观察具有针对性，也使得课前计划和课堂实施有了比较的依据。观察者在进入课堂进行观察之前就必须对即将开展的教学活动有自己的理解和设想。严格意义上的观察不是一种随意进入教学情境就可以实践的活动，观察前的准备不可或缺。

　　当前，在新课程推进过程中，研究人员越来越多地深入到中小学，进入课堂进行"草根"研究（grass-root research），广大教研员、学科带头人不仅亲身进行课堂观察，还恰到好处地亲身演绎自己对新课程教学的理解。他们的经验表明，有了课堂观察前对教学内容及教学目标的透彻理解，自己做的教学预设计，课堂观察的针对性和目的性就会大大提高，从而使得基于课堂观察所发现的问题以及由此提出的解决策略有了更强的指导意义。

　　2. 紧扣教学内容的完成程度进行观察，注重教学的结果，强调精心的预设和预设目标的达成，对教学过程中偏离预设而生成的新知识、新情境关注不够。传统的课堂观察是教学预设导向的，紧扣教学内容的覆盖和教学目标的达成，注重结果，而忽略鲜活课堂上生动情境中动态生成的新知识。这种导向性的课堂观察，容易使教师有意或无意识地限制学生的个性思维，阻止偏离预设答案的思想火花的形成。

教师在课堂教学中比较关注课前的预设，注意力集中在如何完成预设的教学任务。课堂中，当学生的回答不是预设的答案时，教师要么置之不理，要么直接往预设的答案上引导，不会创造机会让学生自由表达真实的想法。当学生回答有困难或词不达意时，教师往往急于用填空式的问题去帮助他或换其他学生回答。多少年来，课堂所要掌握的知识点都以结论的形式呈现出来，而相关的各种评价也主要考查学生对结论的掌握程度，致使课堂观察陷入实践的狭隘误区而不能充分发挥其预警、诊断和指导的应有功能。

3. 注重教学环节或活动形式，缺乏对其质量和效率的深度审视。传统的课堂观察注重教学环节的完备和教学活动形式的多样。如果执教教师体现了这些形式，评课时往往就会得到很多的加分，但是这些环节和活动本身的质量问题却没有得到专业的审视与分析。

例如，课堂教学中的"互动"。新课程强调教师与学生之间、学生与学生之间的互动，于是许多教师在互动环节里连串地问，有的甚至满堂地问，学生齐声作答。这类问题往往并不利于学生思维的发展，可能还会限制学生的思维，久而久之还可能导致学生思维僵化、丧失创造性。注重教学环节是否完备的传统课堂观察活动，往往因为课堂气氛活跃而隐藏了现象背后的问题。

4. 注重教师教的过程，淡化学生学的过程，难以反映学生学习的情感体验和个性化学习风格的差异。传统的课堂观察，往往注重教师教的过程以及学生的配合程度，这种课堂观察是以教师为中心的，忽视了教与学是一个过程的两个方面。新课程积极关注学生学习过程中的情感体验和学习风格的差异，弘扬人文精神，力主对学生人格的尊重和生命质量的人文关怀。

新课堂观察要体现新课程的理念，设置对学生学习差异性和内心情感体验关注的维度，力求全面观察到教学经历的全部事件，真实地、深层次地反映教学过程中重要的反馈信息。教师对学生学习过程中情感体验和学习风格差异的尊重可以从许多教学细节中反映出来，包括尊重学生的隐私、人格、思维和表达的方式，创造性地设计适合不同学生认知方式的真实性任务，从而达到殊途同归的教学效果。新课程的教学不仅关注知识与技能目标的达成，同时还强调过程与方法、情感态度与价值观。在新课程实践过程中，围绕知识与技能目标的教学设计成为主流，其他的二维目标形同虚设而被边缘化。

5. 注重对规定教材内容的审视，对教师在课程二次开发过程中体现出的智慧与创造性关注不够。传统的课堂观察，以教材为本、以教材为纲的思想过于突出，限制了教师课程实施的创造性。适应了传统课程教学的教师最不适应的就是没有教参造成的失落感。"用教材而不是教教材"的观念转型，要求教师不能停留在教材本身所呈现的知识框架上面，而要根据学生的具体情况作灵活调整，或整合，或拓展，真正实现"用教材来教"。

新课程表达了"教师即课程"的先进理念，手头的教材是一种参考的文本，尚需教师基于自身的经验和理解对教材进行二次的开发和加工，最终实现把专家编制的课程变成教师自己理解的课程，并在鲜活的课堂上一起和学生合作，建构起教师与学生共享的课程。新课程的理念自然要反映到新的课堂观察中来，要求课堂观察充分关注教师对课程进行二次开发的程度。

基于对传统的课堂观察及其评价活动的反思，以及秉承"以专业理性的力量提升课堂观察与问题诊断的品质从而实现教学改进"的理念，"中小学课堂教学改进"丛书的研究团队将分学科深入到中小学课堂教学的第一线，和中小学第一线的教师们共同确定课堂教学中需要克服的教学难题并作为实践研究的专题，以团队合作的方式群策群力，以抓住问题不放松的执著与智慧，以打破砂锅问到底的气魄与韧性，直至促成课堂教学问题得到比较圆满的解决，并由此总结出与专题相关的对教学实践具有借鉴与指导意义的结论与观点，从而尽可能在最大范围内实现实践理性的辐射与推广。

"中小学课堂教学改进"丛书主要面向中小学第一线的广大教师、教研室教研员、教育研究机构的研究人员以及教师培训机构的培训工作人员。本丛书首批已推出《改进英语课堂》《改进语文课堂》《改进数学课堂》和《改进科学课堂》。

希望并期待本套丛书的出版实现我们和谐奋进的研究团队良好的初衷！

胡庆芳

2012 年 2 月于上海

目　　录

第一章 培养学生创新思维的品质

第一节 倾听设计心语

换成学生来出考题试试看

浙江省安吉县丰食溪中学 张爱锋

"关注日本地震、共建和谐世界——解读热点，落实考点"这一课是在2011年5月9日上的。本次研究的专题就是探索培养学生创新思维品质行之有效的策略。针对这个专题，我思考了好几天，也查找了有关学生创新思维品质培养的理论，由于在之前有幸参加了省、县、市的三次历史与社会科任教师解题命题竞赛，在对命题竞赛的准备中也得到了许多收获，遂想到让学生命题这一教学形式。

当时采用这种学习方式最大的意图是：让学生通过试命题促使学生进行深层思维，在命题的深层思维过程中找到复习方法、学习方法、思考方法，使整个过程成为一个积极主动思考和复习的过程。同时，学生在试命题过程中担任了出卷人与答卷人，教师与学生的多重角色，因而能促使他们对考试策略、学习方法等认知层面的能力有更多主动的思考。我们反对应试教育，但我们必须提高学生的应试能力，这也是一种素质。从现代教育观念分析，不让学生获取这种命题思路，是一种不完全的学习，也不符合新课程标准的要求。对于社政学科来说，对于命题及命题意图的把握最终还是为了更好地分析时事热点，准确把握考点，从而更好地分析解决实际问题。热点反映了社会现象，考点就是书本理论知识的总结，热点是对理论知识的体现，考点是对社会现象的解释。无论社会现象怎样风云变幻，题目如何千变万化，命题的出发点和落脚点始终是考点及其涉及的书本知识。我们要将热点和考点有效地联系起来，找到热点、考点和问点的结合点，然后组织书面语言规范作答。

因而本课学习重点为：通过自主命题促进对所学内容进一步反思、研究、深入学习，能动地将时事热点与重要社政知识更好地衔接起来，找到热点、考点和问点的结合点，能学以致用，逐步形成分析解决现实问题的能力。学习难点为：如何依据素材，把握命题方法，完成层次明显、难度适宜的试题命制。

本课的教学过程主要分为以下几个环节。

一、课前自主预习

2011 年 5 月 9 日是星期一，这个课前预习是学生在周末完成的，利用周末学生可以较好地进行考点及书本知识的学习和巩固，同时也有充分的时间利用各种途径查找资料，熟悉更多的题目，希望能促使他们主动关注类似材料所涉及的相关习题，能主动结合书本、考点，不断思考、不断探究、不断求新。

（一）**考点链接：找出相关考点**

结合时事材料与《2011 年浙江省初中毕业生学业考试说明》（pp. 114 - 117）内容，自主探究找出与出示时事材料相关的考点和考点间互联的考点（比较紧密的衍生考点）。

历史与社会考点。

思想品德考点。

（二）**教材链接：落实书本知识**

时政热点专题复习要做到言有信度、悟有载体，必须做到时事热点与书本知识的有机结合，如若脱离了教材知识的支撑，时事内容也会黯然失色。

请自主复习你链接考点所涉及的教材知识。

设置这一环节的主要目的是让学生立足所提供的四则材料，通过自学，熟悉考点及教材知识。这样在课前就能实现基础知识的落实和巩固，为课堂活动的顺利开展奠定知识基础。

二、课中合作探究交流

（一）课堂交流反馈：考点链接

1. 个别反馈（3~5人）。

学生反馈自己自主探究找出与出示时事材料相关的考点和考点间互联的考点（比较紧密的衍生考点）。

2. 反馈汇总，教师补充。

展示主要涉及的考点。

这一环节主要是对课前自主学习成果的一个检查，并通过这个环节落实所涉及的相关考点。

（二）透析时事热点：我也来出题

1. 范例出示。

2. 命题注意点：①导向正确

②指向明确

③科学规范

④简明扼要

⑤协调一致

3. 实战演练：模仿日常试题，我也来出题（先个人独立思考，再组内交流，小组合作完成试题编写）。

【命题要求】

1. 根据所提供的时事材料，结合考点完成两道试题命制。

第一题题型为选择题，第二题题型为主观题（一问即可）。

2. 试题命制内容：

第一题选择题编制需包括设置题干、题支、参考答案三部分；

第二题主观题编制需包括设置问题和参考答案两部分。

3. 选择题和主观题命题的角度应该不同。

4. 组内交流，全班展示，师生互补合作探究。

（小组代表展示命题，并讲解命题意图，可自己揭示答案，也可自主指定某个小组回答。其他小组对其命题进行评论，教师适时对学生的命题进行评价）

5. 课堂提升：你认为该不该援助？

承转：这是我们对四则材料命题，假如再补充一则材料，大家来看看，该从什么角度、哪些考点命题。（全班交流）

这一学习过程分五步进行：范例出示（第一题题型为选择题，第二题题型为主观题。与实战演练要求命制两道题型是一致的）→命题注意点

（给学生的自主命题一个宗旨引领）→实战演练（模仿日常试题，我也来出题，出示命题要求，先个人独立思考，再组内交流，小组合作完成试题编制）→组内交流，全班展示，师生互补合作探究→课堂提升。

整个环节通过范例和命题该注意的要求，让学生根据考点、热点（所给材料），模仿日常试题来命题（问点），展示交流反馈后，在提升环节则教师出示问点（命题），逆反回归让学生结合热点（时事材料）和教材找出命题角度和所涉及考点。先按要求顺来再逆反回归实际是让学生回归日常作为学生、答卷人的角色，通过前一过程的学习，懂得从命题人、教师的角度分析问题，从而更好地解决问题，提高应试能力。

三、课堂小结

本节课的学习给你最大的启示是什么？

大家初次命题就能做得这么好，说得这么好，但是我们始终不能忘记，对于命题及其命题意图的把握最终还是为了更好地分析时事热点，准确把握考点，从而更好地分析解决实际问题。

热点反映了社会现象，考点就是对课本理论知识的总结，热点是对理论知识的体现，考点是对社会现象的解释。无论社会现象怎样风云变幻，题目如何千变万化，命题的出发点和落脚点始终是考点及其涉及的课本知识。我们要将热点和考点有效地联系起来，找到热点、考点和问点的结合点，然后组织书面语言规范作答。

通过小结让学生进一步明确考点、热点、问点三者之间的关系，提升分析、解决实际问题的能力。

四、课堂仿真试题演练

通过自主命题这一逆反思行为过程后，通过仿真演练学（逆反思思维）以便更好地解决实际问题，提高应试能力，尽可能取得较好成绩。

五、课后作业布置

完成"热点专题复习之——利比亚撤侨彰显中国力量"自主复习

作业的设置与今天课堂的设计是一个模式的，是对今天的学习方式进行二次模式巩固，是对这一学习方式进行强化。

六、板书设计

关注日本地震 共建和谐世界
——解读热点，落实考点

时事 热点 → 三点结合 → 相关 考点 ——历史与社会：

思想品德：

命题 要求

（问点）①导向正确
②指向明确
③科学规范
④简明扼要
⑤协调一致

这个板书设计与本课学习重点的设置，以及课堂小结是一致的，主要体现热点、考点、问点三者之间的关系，强调、促使学生在实际学习、应试、解决问题的过程中，能够能动地将时事热点与重要社政知识更好地衔接起来，找到热点、考点和问点的结合点，能学以致用，能分析解决现实问题。

动手创作宣传张贴说说看

浙江省安吉县昌硕高级中学 袁东辉

本堂课是选修六中的第四单元，关注的话题是 Global Warming。课题的大背景是随着世界工业经济的发展，人类对能源的依赖正在一步一步地加深，而二氧化碳的过度排放也带来全球温度的上升，全球变暖正给世界环境带来越来越大的影响。

本单元的 Reading 部分是 the Earth is becoming warmer, but does it matter? 文章介绍了全球变暖的大背景，又通过两张图表引出了温度上升和二氧化碳在空气中的浓度也在增加的事实，进而表述了科学家对全球变暖给人类带来影响的两种不同观点。而本节课是就全球变暖的既定事实和给人类带来大的影响展开思考，面对全球变暖，我们中学生又能够做些什么？

本节课的重点句子为 Together, individuals can make a difference.

Remember – your contribution counts. 培养学生的能力目标为 Make the students realize what individuals can do about global warming. 教学重点为 The students can learn what to do in daily life to reduce the carbon dioxide content in the air. 本节课的难点为要求学生做海报，通过亲力亲为的方式来宣传我们在日常生活中能为全球变暖做些力所能及的事情。教师用到的教学方法为阅读中的 skimming 和 scanning。学生的学习方法主要为 pair-work 和 group-work 参与讨论和活动。

在教学的导入环节，教师播放电影《后天》的洪水视频，由人类受灾的场面进而引发思考：是什么原因导致这种现象？学生由于有前面的 Reading 做铺垫，能够说出是 global warming。教师引导学生思考：作为学生我们又能为全球变暖做些什么？为下面的阅读做铺垫。

在阅读教学的环节，学生要带着问题去快速阅读文章。

第一个问题：Who are the writers of the two letters? （Ouyang Guang and the editor of Earth Care）

第二个问题：Which is Not the reason why Ouyang Guang writes the letter?

A. He is doing a project on global warming.

B. He feels individuals can affect huge environmental problems.

C. He isn't sure where to start with his project.

D. He wants to get some suggestions from Earth Care.

第三个问题：Which is Not True according to the editor's letter?

A. Together, individuals can make a difference to environmental problems.

B. Individuals must put up with pollution.

C. Many activities individuals do can produce carbon dioxide.

D. Individuals can save energy to slow down global warming.

第四个问题：List Earth Care's suggestions and tell whether you think you can carry them out.

在本环节，学生的活动主要体现在先自主阅读文章，快速获取信息再 pair-work 讨论和回答相应问题。

在教师用幻灯片展示各个环节问题的参考答案后，引导学生进行 role-play（角色扮演），如扮演记者和气候专家。可以由记者对气候专家做一个关于全球变暖带来的影响和我们人类能够做些什么的采访。学生在活动的时候自然能够运用所学的知识，激发知识储备。本环节的时间一定要给充分，尤其是说到我们日常生活中可以做些什么的时候，可以用到本节课的信息（教材提供的信息有：我们在日常生活中需要明白每个人的活动都对全球变暖产生影响。在日常生活中，我们如果不使用电器的话，则一定要关掉电源以便节能。尽可能步行或骑车去上学或上班而少用汽车。我们还可回收利用废弃的瓶子、塑料和报纸等。告诉父母要买节能的产品。在周围的环境里要多种植树木，向朋友和家人宣传全球变暖影响方面的知识，树立环保意识)。

在最后的提升环节里，教师可以展示环保海报样例，要求学生学习制作环保海报，主题就是对于全球变暖，我们学生能做些什么？让学生小组合作，4 人一组制作海报。最后在班上展示，并且可以让学生解释海报的内容，以达到信息共享的目的。

本节课经过教师视频的导入和课文阅读的处理，让学生对全球变暖带来的危害和我们又能做些什么有清醒的认识。在角色扮演的采访和海报制作中，提升学生的口头表达能力。

还原一个真实情境想想看

浙江省安吉县安吉高级中学　李道顺

从学科教学目标角度来说，本节课的教学目标包括两点。知识目标：理解大气环流概念。能力目标：能运用大气环流相关知识解释地理现象。结合本次课例研究主题——如何培养学生创新思维品质，本人教学设计思路如下。

在课堂导入环节，设计了两个情境问题，一是浙江括苍山风电场位于临海西部与仙居县交界处的括苍山脉上。山体高度 1200 米以上。发电机风轮一般迎风而立，山上的每台发电机都有一个变向装置，控制发电机叶轮朝向变化，有时一天中叶轮甚至朝截然相反的方向变化，导致该装置存在的最可能原因是？二是中国北极科考站房顶飘扬的五星红旗，总是飘向西南方位，原因是？在两个情境问题展示之后，设计了四个梯度问题：1. 大气环流中的"大气"是指大气层中的某层大气还是整个大气层？2. 你对大气环流的"环"如何理解？3. 大气怎样才会运动？4. 括苍山风电场叶轮一天中叶轮朝截然相反的方向变化，中国北极科考站红旗飘向所及环流是否属于同一类环流？若不是，它们分别属于哪一类？

本环节设置有两个目的。一是用贴近生活的实事激发学生探讨热情，活跃课堂气氛，营造良好的创新思维环境。二是学情调查，主要通过梯度情境问题检查学生已有知识与技能。梯度问题第四问难度大，由此承转到下一环节。

在大气局部环流的探究过程中，先设计与学生一起学习了海陆风形成的基本原理，所用素材是：白天在太阳照射下，陆地增温快，气温比海面高，空气膨胀上升，高空气压比原来气压升高，空气由大陆流入海洋；近地面陆地形成低气压，而海洋上因气温低，加之因有空气流入形成下沉空气，形成高气压，使下层空气由海洋流入大陆，形成海风；夜间与白天大气的热力作用相反而形成陆风。作图（大气环流方向箭头），如图1-1所示。

然后让学生独立完成城市风、山谷风的环流图例。最后在动画演示下完成原理教学。

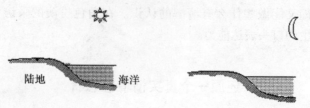

陆地　　海洋

图1-1

本环节力图培养学生建立科学严谨的学科研究习惯，同时用直观图形演示刺激学生视觉记忆和从学生动手能力角度激发学生好奇与探究心理。

在重点知识大气环流形成过程环节中，设置了一个师生共同情境演绎活动。师生共演三圈环流形成过程，讲解全球气压带风带的形成，如图1-2所示。

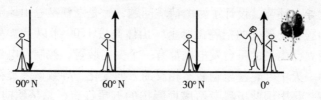

90°N　　　60°N　　　30°N　　　0°

图1-2

本环节旨在增加学生思维的维度，把传统的平面说教转化为三维立体感受，学生形象思维与发散性思维得到很好训练。让创新的思维产生在瞬间的灵感和形象的体验过程中。

在学以致用环节中，先完成导入环节的最难梯度设问，然后引用了两个案例，一是：2000 年 4 月 3 日，意大利中南部地区突然受到黄沙、泥雨的侵袭。时速达 100 千米的狂风夹带着来自北非的沙尘，使意大利中南部笼罩在一片黄色之中。露天停放的汽车被蒙上一层厚厚的泥点，街头众多的白色大理石雕塑也像是刚从泥土中挖出的一样。意大利气象专家称，意大利中南部出现罕见的沙尘天气主要是北非撒哈拉沙漠一带最近气候异常干旱，形成与欧洲大陆巨大气压差所致。强劲的热风夹杂着大量沙尘，使意大利中南部出现了沙尘天气。

二是：冰岛艾雅法拉火山 2010 年 3 月至 4 月接连两次爆发，释放的火山灰别看直径那么微小，且几乎没有复燃的可能性，但当飞机遇到火山灰时，将成为堵塞飞机发动机的最大杀手。导致欧洲众多机场取消航班。

目的主要在于基本学科原理在实例中应用的同时，凸显学科问题的一题多解，达到创新思维培养途径的多样化。

与前两节课的情境设置相比，本节课在以下方面取得了进步：（1）情境设置立足点发生较大变化。前两节课在情境预设中，过多考虑教师角度，以教学任务定情境，当课堂情境向课外拓展延伸触角时，情境问题马上出现，引导学生进入下一知识环节。而第三节课试图尽可能多地从学生角度出发，用情境设置尝试对学生进行学情调查、尝试摸索突破学生思维障碍的方法、尝试对学生学科能力的评估，在情境中寻找完成教学任务的结合点，无限接近教学目标。（2）情境素材呈现方式多样，有文字、图形、表格，情境演绎尽显"望、闻、问、切"。（3）一题多解，激发学生变式思维，发散思维。如在问及冰岛火山灰怎样到达南欧时，传统解法是从中纬环流知识出发，解释火山灰是从高空到达南欧。实际另一个独到解法是，观察火山灰分布图，图中纬度标明是中纬，火山灰不连续分布，排除从近地面扩散的可能，那只能从高空到达。本堂课中也有不足之处：（1）创新思维训练的纬度拓展了，但深度不够，一些环节的情境问题，在教师的追问之下，思维拓展的空间还没被无限放大。如课堂中有学生从大气环流延伸到大洋环流及水循环时，教师与学生的成因探讨没有适度展开。（2）学生在情境设置之下生成的错误情境问题归因探讨不够，辩证思维训练不到位。如在南亚夏季风成因探讨中，学生回答错误时，没有从多层面归因。（3）情境设置缺乏比照，围绕创新思维培养主题展开的课例改进效果不大。三节不同学科，不同知识能力目标，创新思维培养的载体发生变化，加上教师的掌控能力有限，主题效果质变不明显。

通过本次课例研究，使我们认识到，加强学生思维创新能力培养，没有最好的情境设置，只有最合适的情境设置。没有定论的情境设置途径，只有不断改进的途径。怎样的情境设置最能激发学生思维创新呢？我们课例研究的结论是：看课堂实践中，学生生成观点是否有针锋相对的碰撞；想象是否有无穷拓展的态势；列举是否有趋于穷尽的表现；发现是否有切中本质的概括；回答是否有举一反三的表现；解法是否有另辟蹊径的风格。

第二节　回放教学全程

第一次课："关注日本地震、共建和谐社会"课堂实录

执教教师：浙江省安吉县丰食溪中学　张爱锋

第一组课堂实录　记录人：黄秋华

师：今天这节课我们关注日本地震问题。大家把课前家庭作业、课前自主学习的材料拿出来。（停顿一下）好，说说你已经找到了哪些相关的考点。哪个同学先来？（环顾全班一会儿）谁先来？（指向一女生）好，你。

生：第二个考点。（教师打断）

师：读出来。大家翻到考试说明第 114 页。（板书：相关考点）把考点读一遍，好吗？

生：考点 2。（教师打断）

师：大家抓紧看啊！

生：考点 3，然后考点 10，还有 12 考点，还有 13 考点，还有 26 考点，然后 27 考点，还有 32 考点，还有 37 考点，还有 38 考点，还有 39 考点，42 考点，43 考点，44 考点。（教师把学生所列考点写到黑板上）

师：好，请坐。这是她找到的关于历史与社会的考点。其他同学有补充吗？（稍等后叫一女生回答）

生：思想品德方面，考点 1，考点 2。（教师板书：思：1、2）

师：好，请坐。还有补充的吗？（一女生举手）好。

生：考点 6，考点 37，考点 40。

师：好，请坐。大家对所列的考点有自己看法的，有没有？觉得哪个与

我们材料其实相关并不是很紧密？（叫一男生）

生：我觉得那个26考点，27、32考点跟材料没有什么关系。

师：依据社会考点，大家一起看一下，26、27还有32跟这次材料没有什么直接关系，它属于什么？（自问自答）延伸性，延伸性考点。好，坐下。好，这里我们要注意了，历史与社会有一点大家没发现，还有什么？考点1。考点1，东西半球确定，还有什么关于方位确定都是来自考点1。好，给我们四个材料，大家找到了这么多的相关考点。那接下来我们来选择几个考点来试着命题，我们也来当一次命题老师。那怎样才能把热点、考点跟我们的问点相结合呢？

首先，大家来看一个范例。（打开幻灯片）看得见吗？（教师读材料）材料：2011年3月11日，日本发生里氏9级地震，核电站遭受地震破坏，放射性物质外泄。

根据材料，结合所学知识，回答下列问题。

（1）此次地震震中位于安吉（30.68°N，119.68°E）的什么方向？

A. 东南 　　 B. 西南 　　 C. 东北 　　 D. 西北

好，这道题大家思考一下，它涉及我们什么考点知识？（学生思考一会儿）好，有没有同学起来回答？好。（叫一女生）

生：考点1（教师打断）。

师：学会从材料中获取信息，对不对啊？很好，坐下。我们这个命题当中所涉及的考点，大家仔细来看一看，这则材料比较怎么样？从命题角度来讲，这则材料怎样？（板书：命题问点）字数比较怎么样？比较多？比较少？

生（齐）：多！／少！

师：比较怎样？比较少！所以我们命题有一点要注意，要简明，要扼要。（板书：简明扼要）我们要考虑到纸张、资源之类的东西，对吧。好，然后再看，命题在问问题的时候，谁位于谁什么方向，它的指向性是非常怎么样？

生（齐）：明确。

师：指向性明确就是为了大家答题的时候怎么样？很明确地知道自己的任务是什么。（板书：指向明确）好，另外，下面的A、B、C、D这四个选项当中，东南、西南、东北、西北四个方位出现概率是怎么样？

生（齐）：一样。

师：相同的。那比如说我们有些排列组合题。（板书：①②）假如说，你四个选项都是两个数据排列，那一般来说，那1、2、3、4个选项出现的概率是同等的。假如说你是三个来排列，那它出现的概率也是同等的。（板书：①②③）出现几次？

生（齐）：3次。

师：一定要科学规范。这就是另外一个。（板书：科学规范）

第二组课堂记录（时间8分至15分59秒，记录人　楼信芳）

总结前面教师出示例题，分析讲解命题注意点。

教师讲解并板书命题（问点）材料、设问、题肢、答案之间协调一致。

师：这个选择题的答案是什么？

生：C选项。

师：我们是根据什么来判断的？

生：经纬网，材料。

师：接下来我们看一则材料。

（2）核电站的放射性物质泄漏会产生哪类问题？日本发展核电工业是为了应对资源短缺，而频繁的地震则表明这一方式不适合。你认为在发展区域经济时应该注意什么？（3分）

师：看得清楚吗？

生：清楚。

师：大家觉得符合命题问点中的哪一些？

（学生一起思考）

师：这个问题跟材料有没有关系？

生：有。

师：材料、设问协调一致。

师：这里有没有废话？

生：没有。

师：设问、题肢、答案简明扼要。（教师板书）

师：另外它的角度怎么样，指向怎么样？

生：明确。

师：知识、能力、设问指向明确（板书）。

师：问你哪一类问题，你认为在发展区域经济时应该注意什么？到底是哪类问题？

生：环境问题。

师：是环境问题中的污染问题。

师：你认为在发展区域经济时应该注意什么？（提示学生还要看分数回答）

生：要因地制宜地发展经济。

师：还有要与什么相协调？

生：经济发展与环境保护相结合。

师：出示幻灯片展示本小题的答案：①要因地制宜地发展经济；②要坚持可持续发展战略，使经济发展与环境保护相结合。

师：日本大地震问题，从历史角度看，可以结合抗战史实进行分析，如遭受两次核伤害，给日本人民带来了哪些深刻的教训；从地理角度看，分析日本的地理位置和气候特征；从经济角度看，就是日本经济重创给世界经济带来的影响，分析经济全球化；从政治角度看可以考核民族精神和社会责任感；甚至可以从环境、科技、外交等方面结合起来分析。

（教师补充命题注意点：思想、价值观导向正确，知识、能力、设问指向明确）

（教师出示幻灯片：展示命题注意点：

①思想、价值观导向正确；

②知识、能力、设问指向明确；

③语言表述、排列组合科学规范；

④材料、设问、题肢、答案简明扼要；

⑤材料、设问、题肢、答案之间协调一致）

师：接下来根据命题要求和发下来的作业，先个人独立思考，再组内交流，小组合作完成试题编写。

要求学生命两道题，两道题角度要不同。

学生根据教师的要求开始命题，教师在不同的小组观察指点。（13分33秒开始到16分58秒学生个人独立思考，接着小组讨论）

（15：30）师：说"先想一想出题要求，初步先写一写"（巡视各小组学习进程）

（学生独立思考，按要求命题）

（16：04）师：先独立出题。

（17：03）师：小组讨论，自己想法归纳出一道选择题、一道简答题。

（学生小组讨论，6人小组，师参与各小组讨论，并来回三次巡视各小

13

组讨论进程，同时给予必要指导)

学生归纳表达自己想法，组内讨论达成共识，并以文字形式呈现结论。

此讨论过程一直到25：59。

师：都写好了吗？

师：同学们都准备好了，请小组上台展示。学生代表小明上台用实物投影展示题目：

1. 假如位于浙江宁波的一支国际救援队乘坐飞机抵达日本机场，这架飞机跨越了我国什么海？

A. 渤海　　 B. 黄海　　　 C. 日本海　　 D. 东海

生：我们组出题的意图是让同学了解日本在地球上的位置。答案是D。

2. 联合国呼吁救援日本，联合国秘书长潘基文3月11日对日本发生9级地震表示深切慰问，说明了联合国在处理国际事务中的哪方面作用？体现了联合国在处理国际事务中的哪方面宗旨？

生：我们组出题的意图是让同学了解联合国的作用和宗旨，讲的是44考点。

师：让我们来看看小明这一小组的题目，首先是选择题，大家来评论一下，你认为它好在哪里？存在哪些问题？（教师停顿环顾四周，请了一名学生回答）

生：应该是出"湖州"的。（教师用笔画出题目中的"宁波"）

师：还有知识点的错误（教师用笔画出题目中的"我国的日本海"），最好的表述是"中国有四大海"，哪四大？

生：渤海、黄海、东海、南海。

师：把"宁波"改成"湖州"，"日本海"改成"南海"就更好了。再看第二题出得怎么样？从哪段材料出的？

生：第四段。

师：考点44，答案是……

生：维护和平与发展，促进经济与发展。

师：接下来第三组展示。

1. 日本位于地球的哪两个半球？

A. 东半球 南半球　　　　 B. 西半球 南半球

C. 东半球 北半球　　　　 D. 西半球 北半球

生：我们组这道选择题考查大家的是考点①，涉及的是"地球、地球仪基本常识"，从这道题可以看出日本位于东半球和北半球，所以选择 C。

2. 日本大地震后，中国及时救援彰显了中国怎样的国际精神和大国形象？分析国际社会对日本进行救助的理由？

生：将第二题主观题读一遍，这道题考查大家思想品德考点 1 "人的生命都是有价值的"和考点 37 "了解中华民族的传统美德和民族精神"，中国对日本的援助彰显出中国人道主义精神和中国和平、负责任的大国形象。国际社会对日本进行援助，考查大家思想品德考点 1 "理解人的生命都是有价值的"，它的答案是"每个人的生命都是有价值的，当他人的生命遭到攻击以及需要帮助时，尽自己的能力伸出援助之手"。

师：讲解比较细致。注意讲解的时候要将材料、考点和命题结合起来讲。由于时间关系各小组可以在课后相互展示。

师：刚才我们已经根据四个材料，大家都和材料、考点紧密结合出了一些题，接下来我再给你们一段材料，大家看可以从哪些角度来考虑？

你认为该不该援助？

材料一：日本发生强烈地震后，中国第一时间向日本派出国际救援队。中国政府还向日本提供了价值 3000 万元人民币的救灾物资和 2 万吨燃油。

材料二：现在网络上对于中国对日本的援助有两个声音，一个是援助，另一个是反对并高呼震得好。

师：读材料一和材料二，大家认为该不该援助？为什么要援助？中国这样做有什么理由？应该从哪些角度去答，大家想一想，答出什么角度或什么考点就可以了。

师生：思想品德考点 1、2、6、37。（师生齐说）

师：主要是生命角度、国家负责形象角度、国际精神角度。

师：为什么我们生活中会出现该与不该的争论，甚至有人高呼震得好呢，这主要是我们和日本的民族纷争，日本曾经对我们中华民族侵略过、伤害过，但是我们必须要有这样的认识……

生：日本曾侵略伤害过我们，让我们记住了，落后就会挨打，我们永远不能忘记战争的伤痛，但不能忽视生命，不能将过错归结于日本人民的身上，这是人类共同的灾难，只有人类的团结和同情才能拯救自己。（生齐读，课堂提升）

师：历史上的矛盾和目前日本发生人类共同的灾难能不能混为一谈？

生：不能。（齐声）

师：一个强大的国家它需要一群高素质的公民，希望大家都是高素质的公民。

师：这节课到现在快下课了，你觉得这节课最大的收获是什么？

师：××，你觉得你这节课最大的收获是什么？

生：解题要根据考点。

师：还有呢？

生：要结合材料，就是时事热点。

师：其他同学呢？

生：题目的答案都在书本上。

师：即题在书外，答案在书中，请坐，还有呢？

师：×××，你这节课没有收获吗？

生：明白了考试的意图。

师：明白了命题的意图，对你有什么作用？

生：能帮助解题。

师：能帮助解题，很好。这次由于时间关系，我们展示得不多，只有两个组上来进行展示，大家初次能做到这样已经很好了，说也说得很好，但是我们始终不能忘记，我们关注热点最终是为了落实考点，不能解决社会问题，说白了就是为了解题。接下来再请大家读一下这段文字。

生：热点反映了社会现象，考点就是对书本理论知识的概括，热点是对理论知识的体现，考点是对社会现象的解释。无论社会现象怎样风云变幻，题目如何千变万化，命题的出发点和落脚点始终是考点及其涉及的书本知识。我们要将热点和考点有效地联系起来，找到热点、考点和问点的结合点，然后组织书面语言规范作答。（齐读）

师：这里最重要的是将热点、考点和问点三者相结合，今天的课就到这里，课后请大家完成作业练习，当中有四道选择题和一道大问题，还有一道自主预习下节课。下课！

第二次课：Global Warming 课堂实录

执教教师：浙江省安吉县昌硕高级中学　袁东辉

T：OK, class begins.

S：Stand up. （班长）

T：Good morning, class.

S：Good morning, teacher.

T：Sit down, please.

T：Now before our class, let's welcome all the teachers, let's welcome. （掌声）

T：Now today, it is a very good chance to show us, to all the teachers from the school. And boys and girls, we will learn something about this one. Here. What is this one?

S：Module 6. （齐答）

T：Yes, of course it is about global warming. Er, in our last lesson, we have learnt something about global warming. Of course in the reading. Now, this one. Can you see this picture?

S：The earth.

T：Is it only about the earth? Now what is your opinion? What is about?

S：It is global warming.

T：Can you see the global warming? I think you are clever. You can see the global warming. OK, look at the picture too. You can see the earth is becoming warmer and warmer. And you can see the earth wants to drink something.

T：Right, everybody knows that the earth is becoming warmer and warmer. Do you remember yesterdays' temperature. Was it cool or hot?

S：Yes.

T：Was it cool or hot?

S：Hot.

T：It was very, very hot. And I think today is cooler than yesterday. But boys and girls, does it matter? Does it matter?

S：Yes.

T：I think different people will have different attitudes towards global warming.

S：Yes.

T：Just now, you told me yes. It is your opinion. （指向一名学生） You think the earth is becoming warmer and warmer. Now it matters our daily life. You said yes.

S：Er.

T：Any more about it. Why do you think it matters?

S：Global warming will have terrible effect on our earth.

T：Any more about it? Terrible, you just say. Terrible effect about it... OK. Thank you. Any more? Any more opinion about it? Do you have any different ideas? No.

S：What is your opinion? Why do you think it matters?

T：Put up your hands.

S：I think global warming is increasing.

T：So you agree with it. Yes, yes. OK, just now everybody in our class agree with the fact that the global warming will have terrible effect on our earth. Do you have different ideas? But in our book, turn to page 27, there are another scientist think global warming is not terrible to us, to our daily life. Do you know what is his opinion? Who can read for us. Can you?（指向一名学生）Can you read the opinion for us?

S：We should not worry about high levels of carbon dioxide in the air. They predict that any warming will be mild with few bad environmental consequences. In fact, Hambley states："More carbon dioxide is actually a positive thing. It will make plants grow quicker; crops will produce more; it will encourage a greater range of animals, all of which will make life for human beings better."

T：What does he say in his opinion? Yes, it is George Hambley's opinion. Just now all of us think global warming will bring a lot of problems to our daily life. I agree with you. Let's share another screen. Here I will show a piece of video. About, may be about global warming's terrible effect.（视频播放）What is your opinion? OK, it is about a big flood. Yes right.

S：Yes.

T：Of course, it is a terrible thing taken from the movie. *The day after tomorrow.*《后天》, yes. And here, we can see that（指向屏幕）may be in the future there will be a big flood. So I want to ask a question. Will it happen in the future?

S：May be.

T：Yes, may be. Another question. What should be blamed for all these problems?

So most of us think may be it is the global warming, may be it is the global warming.

So you should realize that it is global warming. it is a big problem to our daily life. You can see it. （指向图片）. It is the earth. The earth is getting a severe fever now! Now you can see this one. To get temperature down. So boys and girls, now we should know, What can we do about global warming? Because it will bring a terrible result to our daily life. What can we do in our daily life. We should think about it. Then let's see another picture. OK, you can see this one. This picture is taken in our school. So many different kinds of bottles. This one, this one some food （图片中一些食物堆在垃圾房中）. OK, you can see that. this one is about it. You should know what can we do in daily life. You should imagine it. how about this one? （指向图片）

S：（大笑）

T：It is stairs. It is under the stairs. There are so many thrown-away uniforms. So boys and girls. what can we do in daily life. You can imagine it.

T：Ok, any more? This one. It's time for us to take a nap in the noon, but you can see that. You can see this one. （Point to the light in the photo）

S：The light.

S：The light is on.

T：Why not turn off the light? Do you think we can do that? Now, we can see more things. （Video） Yesterday, in our school.

S：（大笑）

T：It's about yesterday. We were turning on the air-conditioner. Can you remember? Yesterday was very hot and we turned on all the electric fans, including the air-conditioner. The degree is bout 17 degrees. So boys and girls, what do you think? What can we do in our daily life?

T：Now, what's your opinion? About your opinion. （指向一名女生）

S：We can...

T：We can do what?

S：We can turn off the lights when we don't use them.

T：Yes，sit down please. We can turn them off，if you are not using them.

T：Of course，I want to share a sentence with you. pay attention to every small daily activity can make a big difference！OK，let's read it together.

S：（跟读）

T：OK，today we are going to learn about a new passage. Now，boys and girls，let's turn to page 30. Now，here，we will read two letters. You should remember these two questions：who are the writers of the letters？The first question. And next one：which is not the reason？OK？You can read it.

S：（阅读材料）

T：Please read the passage and I will give you five minutes，three or five minutes？OK，about five minutes. Please find out who are the writers.

（指导学生找关键信息）

T：Can you find the writers？Can you？

T：The first one is...？

S：Ouyang Guang.

T：Good. Next one？

S：Earth Care.

T：Good. They are Ouyang Guang and the editor of Earth Care. Let's see the next question. Which one？Read the passage.

（学生读课文找关键信息）

T：OK，about question two，which is not the reason？

S：B.（齐答）

T：Do you think it is B？

S：D.（个别学生答）

T：Do you think it's D？What's your opinion？（问一名男生）

S：B.

T：OK，why？Why do you change it？Just now you thought it was D.

T：He wants to get some suggestions from the Earth Care. Can you find it from this passage？

S：（读课文）

T：Yes, yes, thank you. It's about this one. Of course, we can choose B. He is doing a project. He is not sure and he wants to get some suggestions.

T：OK, now this one. Let's see this one. You can... Of course the Earth Care gives some suggestions to Ouyang Guang, right?

S：Yes.

T：Can you list all the suggestions. All the suggestions.

T：Now, can you find the first one? The first one.

S：Electric appliances. （齐答）

T：We can turn...

S：Electric appliances off if we are not using them.

T：How about number two, who knows?

S：Put on more clothes instead of...

T：Yes, you are great. Put on more clothes instead of turning on the heat. How about number three?

S：Recycle...

T：Number four is about recycle. About number three. We can walk or ride a bike if you can.

S：We can walk or ride a bike if you can.

T：OK, number four. Find it, number four.

S：Recycled materials.

T：Maybe it is the recycled materials. Number five? Buy things that are economical with energy. The sixth one, plant more trees. The last one, talk with your family and friends about global warming.

（核对完答案后，学生齐读建议）

T：All of them are the suggestions from the Earth Care. I also want to share this one with you. （屏幕展示：A small step by everyone of us may be a big step for the earth and human being's future. Together, individuals can make a difference. Remember – your contribution counts. ）

S：（齐读）

T：So, your contribution counts. Everybody can do something about the global warming. Today it is your task to do something with it. And here, you can make an interview with each other. Your partner is A, and you are the B. Talk about the global warming. Anything, you can choose anything. The effects, or what the government should do, or call on people to protect the environment. Look at the useful expressions: you can talk with each other.

（学生口语训练）

T：（巡视四周，解释训练要求）you can talk about the effect, or anything else. （学生继续训练两两角色扮演，口语锻炼，师巡视）

T：OK, are you ready for this one, for this role play?

S1：Hello, Mr. Zhou, I am a reporter form CCTV.

S2：Hello, Mr. Jiang.

S1：As a climate specialist, what do you think of the global warming?

S2：I think the increasing temperature of the earth... （听不清）

S1：What are the ways to save energy?

S2：I think we should turn off the electrical appliance when we are not use it.

T：OK, thank you. Sit down. Let's clap our hands. （学生鼓掌）Another one?

S3：Hello, Miss Sheng. I am a reporter from CCTV. As a climate specialist, what do you think of the effect of global warming?

S4：The global warming resulted from the more and more carbon dioxide. It will... （学生说）

T：（带读单词）Climate specialist, climate specialist. Any volunteers? （点一组学生）

S5：Hello, Miss Xia, as a climate specialist. What do you think of our earth?

S6：I think it is becoming warmer and warmer.

S5：Can you tell us the effect of global warming?

S6：In my opinion, there will be severe storms, floods, droughts, famines and terrible natural disasters.

T：Yes, good. Any volunteers? It is your time to show yourself, nobody?

S：...

T：（展示图片）They are about what can we do about global warming. As you know, yesterday, I told you to make poster with your friends. Now, it is your time to share it with us. Here I will show a poster for you, you see, you can see there is CO_2, here is the plug, it means too many electrical appliance, the more carbon dioxide. You can share your poster with others.

T：在分享海报的时候，看看你的海报是否有这些东西，一、是否使用了祈使句；二、是否有一个大的标题；三、是否有口号。可以互相交换一下。（生互相交换海报，讨论，教师巡视教室）

T：Which group want to share your poster. OK, you.

S：（展示一张海报）Please look at the poster, you can see two hands. The color of the hand is black, but the fingers are green. The title of it is how much is left of green.

T：Can you see the title?（学生齐读）It is great, I will cherish it.（教师折叠海报欲收藏起来，学生笑）Anyone else?

S：（展示一幅海报）I think protecting the animals is to protect the earth.

T：In his opinion, protecting the animals is to protect our earth. But do you have a heading?（生答）Anyone else?（指向一名学生）Why not turn around, face us!

S：Environment is a serious problem, we should protect our environment clean.

T：It is very good. Anyone?

S：My poster is about the four season, ...winter, ...summer, autumn... and spring. It means that if you protect the earth, it will be beautiful life...（一生展示，一生讲解）

T：Thank you a lot. You did a good job.（收齐海报）

注：为保持原貌，实录中学生的语法错误未处理。

第三次课："大气环流"课堂实录

执教教师：浙江省安吉县安吉高中　李道顺

师：上课，同学们好！

生：老师好！

师：请坐。同学们，昨天我在网上看到了两个比较新鲜的地理现象，我把它放在了学案上，你知道这两个地理现象是什么地理原因导致的吗？我们拿到了学案，学案上都有编号，学号1到26号的同学探讨第一个问题，27号到48号的同学探讨第二个问题。（学生思考）好了，我要提问了，5号。请问第一个问题是什么原因？

生：不知道。

师：坐下。7号。

生：时间的不同，热力的不同，风向不一样。

师：这个同学的意思是，时间的不同，热力状况的不同，导致风向有差异。请坐。9号。

生：我觉得是随着热量的变化，风向在不断变化。

师：好。我们先不评价他们的对错与否。我们再看第二个问题，30号。

生：因为北极盛行的是东北风向，所以它偏向西南方位。

师：（重复学生答案）说明大家高一的时候学得还可以，第一道题目，我们可以看出它实际上是什么问题？风向的问题。第二道题目呢？它讲的也是风向的问题。在专业术语里面，大家选择一个看，如果把两个问题归纳为一点，你认为应该选哪一个呢？

生：（一起回答）大气环流。

师：今天我们就一起来学习大气环流，深刻地学习大气环流。接下来我们一起看我们的学案。1号到10号，探究第一题，11号到20号就探究第二题，接下来就以此类推。自己独立思考后，同组之间交流，注意啊，刚才第一个问题第一环节同学之间的交流不够，都是自己在想问题，当然，可能问题简单了。（学生思考、讨论、探究）最好用文字表达在学案上。好，我们第一个问题，6号。

生：是某层大气，是对流层。

师：对流层，是吧？1号到10号的同学还有意见吗？有没有，没有同学有异议。13号，第二题。

生：大气环流的环，是指大气在水平和垂直方向上的运动。

师：那么我想问的是，全部都在水平上，还是近地面和高空一个垂直方向上的环呢？

生：都有。

师：都有，请坐。还有没有另外的意见？有没有不同看法的？注意，放

24

轻松点。

生：（一起大笑）

师：没有意见，是吧？25号，第三个问题。

生：我觉得是大气形成水平气压梯度力，而产生的运动。

师：大气形成水平气压梯度力，然后形成运动。气压梯度力是怎么形成的，你能解释清楚吗？

生：那个地面如果热的话，热空气上升，形成低压，然后近地面和高空，我也讲不清楚。

师：同桌有补充吗？

生：我认为大气必须得有水平气压梯度力，产生运动。而气压梯度力的产生，是由于存在气压差。而气压差的影响与温度有关。

师：请坐。这个同学讲得比较好。实际上，不管是从物理学还是地理学的角度来讲，大气怎么才会动呢？根本的原因是……？

生：气压差。

师：直接的原因是气压差，是吧？根本的原因等会儿要讲到，目前我们只知道热力差异。实际上我们高一还学过动力因素。我们现在可能想不起来了，对吧？我们接下来的上课过程中会提到，会有更深刻的理解。但说回来，大气为什么会动呢？

师：大气怎么会动呢？就是由高压运动到低压，而高压简单地说就是那个地方的大气密度比较大，而大气密度比较大更直接地说就是大气分子的多少，大气分子越多，它的压力就越大。是吧，这是我们一个简单的共识，大气这样才会运动。那么，35号，第4个问题：括苍山风电场叶轮一天中叶轮朝截然相反方向变化，中国北极科考站红旗飘向所及环流是否属于同一类环流？若不是，它们分别属于哪一类？

生：是因为白天是风向是由海洋吹向，哦，陆地吹向海洋，晚上是由海洋吹向陆地，所以叶轮方向截然相反。

师：嗯。

生：然后，不是属于同一类环流，前者是热力性质热力差异引起的，后者是动力因素形成的。

师：请坐。有没有同学，不赞同他的意见的？

生：（没有回应）

师：31号到40号同学有没有不赞同他的意见的？

生：（示意要发言）

师：请说。

生：它们两个不是属于同一类环流，前面是热力环流，后面是大气环流，应该是晚上的时候风是从陆地吹向海洋的，白天的时候陆地温度高形成低压是海洋吹向陆地。

师：嗯。

生：晚上时候是相反的。

师：前面一个你解释清楚了，后面一个……

生：后面一个是它属于极地东风带，常年盛行东北风，是大气环流。

师：那么，前面那个算不算大气环流？

生：是热力环流。

师：是算热力环流，是吧？好，请坐。那么最后一组，41号到48号，有没有对刚才两位同学所讲的发言有意见的？

生：（没有回应）

师：有没有？

师：41号。

生：我觉得刚刚那个同学说热力环流和大气环流，他把两个区分开来，我觉得两个都是属于大气环流的。其他就没有了。

师：请坐。好。我简单总结一下。发现呢，（师走下讲台到学生中间）同学们在解答前面三个问题的时候都比较好，基本能够讲清楚，第一个同学就比较简洁。确实，我们所谓的大气环流，就是指的大气层中的……

生：对流层。

师：对流层中的大气运动。第二个，大气环流中的"环"如何理解？这个同学也讲得比较好，他讲的就是近地面、高空的大气运动，包括水平的运动和垂直方向上的对流。第三个同学，大气怎样才会运动呢？我们大家共同学习的过程中，也解决了这个问题，是因为气压差。那么，最后一个问题看来，大家有点问题，是吧？好，希望通过接下来的学习能够把这个问题解决。

师：我先简单地讲一下，所谓的大气环流呢，有两种，（师走回讲台，换投影片）一种是局部地区的大气环流，还有一种是全球性的大气环流。我们看，我们一起学习一下局部地区的大气环流：海陆风。看不清楚上面可以看自己的学案。

生：（开始看学案）

师：给你一分钟的时间看这里面的文字说明。（师走下讲台到学生中）

生：（继续看学案）

师：看好了之后，这上面有图，可以做做。这个海陆风呢，这一块就是，你们在下面学习，然后我等一下讲解，你再看一看你的理解和我的理解有没有出入，这是我们共同学习的一个过程。这个过程好了之后呢，后面还有几道几个局部的大气环流的题，这个，我们就要求大家去做一做。

生：（看学案）

师：（巡视）

生：（做题）

师：（师返回讲台）大家看上面。看这一段文字，我是怎么理解的。（师指着投影图讲解）首先，我一看到这个图，就知道左边是白天吧，太阳照着，在太阳的照射下，陆地增温快。我想问一下，为什么增温快？

生：比热小。

师：好，你们讲到了本质，陆地，比热比较小，同样的照射的热量，它增温快，是吧。所以陆地上应该怎样呢？

生：上升气流。

师：上升气流，气温比海面高，所以，大海上就盛行的是……

生：下沉气流。

师：那么，就回到刚才所说的，大气运动，是要气压差的，对不对？上升的过程中，这地方（近地表面）分子比原来怎么样？

生：少了。

师：而这地方（低空洋面）的分子比原来多了，那么，同一个高度上，大气分子的多少就不同了，就是气压的高低有了差异了，这样就形成了……

生：气压差。

师：气压差，然后大气就运动了。高空也一样，（投影片上指示）高空同一个高度上也有了气压差，是吧？我简单地提一下，我们把这种水平的运动叫风，垂直的运动叫做大气对流。那么相应的右边这张图就简单了，对吧。(投影片演示海陆风过程) 我就不解释了。根据我们刚才共同学习的过程，大家完成下面的2、3、4。那么，就是一共3道题，我们一共48个学生，1—16号完成2，以此类推。

生：(看学案学习)

师：(黑板画图)

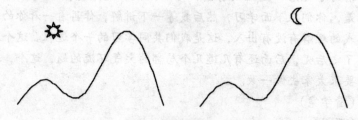

图1-3

师：(板书三幅图画，白天有太阳的山脉，夜间有月亮的山脉和城市树木和高楼)

(教师巡视，看学生作图)

师：好，同学们完成的速度都比较快。14号，你上来画图。

生：(学生画图)

师：你能不能解释一下？

生：山顶空气受热快，做上升运动，原处的气压降低，山底此时成为高气压，山底的空气向山顶运动。

师：这里面我有个小疑问哦？白天山顶为什么增温快？

生：(动手解释)

师：还有没有同学来帮忙？(走下讲台，请一名学生来回答) 说说看？说说看？

生：山顶海拔相对较高，空气相比也比较少一些，这样消耗太阳的热量也会少一些。

师：好，她的观点是山顶的海拔高，大气的分子稀薄。所以太阳光照过来的时候，被它削弱掉的也少。有没有另外意见。这一块就我们高三来说要求就高了。这个同学讲得有没有道理呢？有，但是这不是真正的原因。实际上我们这种山顶和山谷，是高山还是低山呢？有这种情况的发生是因为太阳刚刚升起的时候，山顶先照到，而山谷还没有照射到。而山顶是直接照射到的。简单地讲，它们是因为光照的时间长短不一样。然后导致了山顶增温快，山谷增温慢。所以产生了这种温度差之后，就有了气压差。有没有听清楚？

生：（点头同意）

师：（走到黑板上的图边）画的图的方向是对的，但有几个小问题哦，比如说这个上升下沉，你看这个环流啊，我们一般用4个箭头来表示。是吧，没有问题。那么32号。下面一个问题。

生：（起立到黑板前画城市风的气流图示）是这个。

师：（点头）对，是城市风。

生：（画好看老师）

师：（示意学生回座位）好，有没有问题？这个环流有没有问题？没有问题啊，城市里面的热量要比郊区要高，上升，郊区下沉。然后就形成了这个环流。简单提醒：近地面由郊区到城市的叫城市风。这个我们初中自然里面可能讲过热岛效应吧。好，最后一个问题是：40号。

生：（起立回答）

师：我呢，是听懂了，就是不知道其他同学有没有听懂？说明这个同学地理基础很好哦。她已经知道了，所以呢，季风成因有几个啊？2个，好了，这个问题我们已经解决了。风向不一样，而且具体的也讲对了哦。说明大家在高一和初中的学习中，对大气的局部环流掌握得还比较好。大家可以简单看看上面的演示。（教师播放幻灯片，展示作图答案）

师：接下去我们要讲一个难点，全球的大气环流。现在呢我叫几个同学过来给我帮下忙，（从讲台上下来）来，这4位同学起来，先上来2位，另外2位在下面。你站这里，你站那里。

生：（一男一女在讲台两边站好）假设这个是赤道，这个呢是北极。

师：那么我在中间了。好，我们都知道，赤道这一方温度高还是低呀？

生：高。（齐答）

师：所以大气是上升运动，还是下沉运动为主？

生：上升。（齐答）

师：那么极点呢？（指着一个男生说）

生：下沉。（一起回答）

师：呦，那这麻烦了。我来研究下，同一个地面，它下沉，空气分子
会……？

生：变多。

师：它上升呢？

生：少。

师：那么同一个高度上，有了什么？

生：气压差。

师：气压差。那么大气要怎么样？

生：运动。

师：运动，那么从高压向低压运动，对不对？再研究下，赤道这地方的
高空，赤道这地方的近地面的分子，跑上来，高空密度会变……？

生：大。

师：气压会变高喽。那么，大气下沉，高空会怎么样呢？

生：变少。

师：气压会下降。对不对？那么我研究下，同样是，比如说是5000米
的高空，它们的气压有没有差异？

生：有。

师：那么言下之意，它也会运动了？

生：是。

师：那么大家想想看，这是不是形成一个圈呢？（用手势在空中画了一
个圈）能不能？

生：能。

师：也就是我们刚才所说的环流，对吧？我告诉你，这个环流不存在。

生：中间有你。

师：中间有我，是吧？

生：（一齐大笑）

师：（从讲台下，拿出一个气球）我告诉大家一个专业知识，啊，科学
家在赤道上放飞了很多气球，最终他们发现，（示意学生上讲台
来）他们发现什么呢？这些气球，并没有跑到极地，跑到哪里了
呢？我来看一看，（拿气球演示）赤道处，大气受热上升到高空，
近地面低压，高空变成了……？高压。

生：高压。

师：高压之后，这个大气分子，不仅向北，还要向南，当然南半球，今天就不讲了，向北运动，运动了过程中要受到地转偏向力的作用，它是水平运动的物体，对吧？要受到地转偏向力的作用。

生：地转偏向力。

师：我们都知道，北半球的偏向力往哪边偏？

生：右。

师：向右偏。那么大家想想看，我现在朝着北极的，那么向右，往哪边偏呢？往我这边偏，还是这边偏？往黑板这边，是吧？

生：嗯。

师：好，往这边偏，我告诉你，事实上真的偏了。

生：（一齐大笑）

师：而且，这种偏，到哪里就不偏了呢？大约是北纬30°。

生：大约是北纬30°。

师：它就不继续向高纬偏，而是变成了跟……？

生：纬度。

师：专业地讲，跟这个纬线，等压线平行。那实际上，我们现在直观地来看，就是大致跟纬线平行。赤道这里的大气分子源源不断地过来，那这里的大气分子越来越……？

生：多。

师：它又不向高纬运动了，是吧？怎么办呢？

生：向下沉。

师：对。这个掉下来，就是重力作用。

生：（一齐大笑）

师：下沉，下沉的时候，在近地面分子增加了还是减少了？

生：增加了。

师：所以气压就变高了。这个地方我们有个专业的术语，叫什么气压带？

生：副热带高气压带。

师：副热带高气压带。那么副热带高气压带，现在问题的麻烦大了？这个地方，近地面是不是低压呀？

生：嗯。

师：你说这个副高要不要向低压运动呢？

生：要。

师：同时，它会不会向北运动呢？

生：会的。

师：会的，是不是这样啊。好，我们先研究下，0~30度，低纬？

生：嗯。

师：好，是不是，上升，到这里，是不是因为冷了下沉呢？

生：不是。

师：而是因为重力作用，是不是？那就被迫下沉，在近地面形成了一个高压，然后向低压运动。这样，形成了一个圈，是吧？

生：嗯。

师：这个圈，我们叫它：低纬环流。（一边讲，一边演示）

生：低纬环流。

师：高一学过，还记得吗？

生：记得。

师：那么我们研究发现，这个低气压受热上升，所以它是什么原因形成的？

生：热力。

师：这个是重力下沉之后，我们叫它什么？

生：动力。

师：实际上我们学过了就会发现，凡是气压带前面有个副的，都是动力原因形成的。过了这边，我们到这边来。这里的大气分子，极地地区是不是要下沉呀？形成高压，对不对？高压，北极还有再北的地方吗？

生：没有。

师：那只有向南运动了，对不对？向南运动的过程中，它是不是也要受地转偏向力的作用。

生：要。

师：也要。向哪里偏？向右偏？向这边运动，还是向那里呀？你们那边，还是这边？

生：我们这边。

师：你们那边，对不对？向你们那边的运动过程中，也大致是运动30个纬度，就不继续向南了，哎呀，这下，有个问题，因为这个地方的副高也向北运动，对吧？

生：嗯。

师：向北运动的过程中，它也要向右？这样向北运动，它向南运动，两股大气相遇了。（气球一拍）

生：（一起笑了）

师：两股大气针锋相对地相遇了？到哪里相遇了呢？

生：北纬60°。

师：两股大气针锋相对地相遇之后，它要怎么样？上升运动，上升运动近地面大气分子减少，形成了一个，叫什么带？

生：副极地低气压带。

师：而高空气压会变高，又要向南向北运动，这样大家看看，在0、30、60、90度，这几个纬度之间，是不是形成了，首先有气压带，有什么气压带呢？这个近地面叫做赤道低气压带。

师：（一边指着第一个学生，一边说）赤道低气压带。

师：（一边指着第二个学生，一边说）副热带高气压带。

师：（一边指着第三个学生，一边说）副极地低气压带。

师：（一边指着第四个学生，一边说）极地高气压带。

师：而且，在这两个气压带之间，风，由大气运动，对不对？它们之间就叫什么带？

生：信风带。

师：信风带，这个之间叫信风带，很讲信用。是不是这样的？

生：嗯。

师：这个之间，我们叫它？

生：西风带。

师：这个叫？

生：极地东风带。

师：极地东风带。今天，我们不深入研究这些气压带、风带会对气候产生什么样的影响，我们今天只要求大家简单地了解，这几个气压带、风带是怎么形成的。也就是大气，也就是全球的大气环流是怎样形成的。那么，大家回过头来想想我刚才讲的过程，你们在自己的学案上把那个环流画出来，整个环流应该是怎样运动的？你们，还要用你们的啊。（在黑板上画图）你们上来，上来。嗯，就画北半球吧。（4个学生一起画图，教师在一旁看着）如果画出来，你

们可以把气压带和风带写写看。（学生在黑板上继续写着，写完后接着讲解）

师：请坐。他讲的是三圈环流的形成过程，是吧？我要纠正一个小小的错误。他在讲的过程中有许多"然后，然后"，实际上这些过程是同时发生的。不是在大气运动的时候等着那个大气，明白吗？

生：（回座位）

师：大家看上面，我这里有一个跟大家不同的是下沉的地方都用了蓝色的箭头，请注意一下。那么这就是三圈环流的过程。首先我们要了解的是三圈的"圈"是怎样"环"的，近地面和高空的，不同纬度之间的，有水平也有垂直方向上的。形成的原因里有动力也有热力因素。你明白了这些，我们再回头看看。看学案，在第二个环节中我们对第四个小问题当时是很模糊的。现在你回过头来看看，有区别吗？

生：考虑。

师：37号。

生：是有区别的。苍山的那个情况是属于局部大气环流，它是受到海陆风和山谷风共同作用的影响。北极的考察站的情况是属于全球大气环流，是属于极地东风带。

师：请坐，如果你和他是同样的认识就行了。如果达不成共识下课可以和我讨论。我们这节课主要学习了大气环流的几种类型，一个是局部的大气环流，一个是全球的大气环流。大气环流重点体现在风向的变化上，实际上我们没有把高中阶段所有的大气环流都罗列出来。比如高三的时候你还会学到干热风、焚风等，这里我就不讲了。学的关键是应用，请看最后一个环节，看学案。

生：（看学案，思考）

师：（停顿后）在图正北位置上，画得比较小的，像靴子样的，意大利。意大利是足球王国，它的形状像靴子，而且它的鞋业也很发达，每年生产的鞋子全世界的人每人可以分到一只。（稍顿）自己不能解决的就相互商量一下。

生：思考，讨论。

师：24号。

生：（起立，回答不出来）

师：27号。

生：东南信风……不是……西南季风。

师：西南季风？行吗？

生：摇头。

师：那么同桌有没有补充？

生：西南风，把撒哈拉沙漠的沙带到意大利。

师：好，请坐。实际上，我们要讲的是什么呢？大家看上面，因为图中重要的信息是回归线附近，用我们刚才的话说，是什么气压带？

生：副热带高气压带。

师：副高再往北是风带吧？叫什么风带？

生：西风带。

师：再往北就是副极地低压带。撒哈拉沙漠的沙尘影响了这个地方（指地图），你要搞清楚的是风是向南吹还是北吹？

生：北吹。

师：风向北吹才行，对吧？所以这地方应该是什么风呢？

生：西南风。

师：中纬西风把撒哈拉沙漠的沙尘带到了意大利，是不是这样？我还给大家课后准备了一个问题，就是第二题，大家可以到网上去查一查。

第三节 点评研究发现[①]

创新思维的培养，超越知识教学的攻坚

上海市教育科学研究院 胡庆芳

素质教育一直是当今教育教学追求的理想目标，但是，在应试教育向素质教育艰难转型的教学实践过程中，因为考试以及当堂课知识内容含量

---

① 胡庆芳. 培养学生创新思维品质的课堂实践研究［J］，教育理论与实践，2012：3.

等原因，许多课堂在培养学生创新思维品质方面开拓的空间还非常有限，存在的诸多不容忽视的问题还比较突出：教师习惯知识的讲解而不擅长让学生对知识进行探究，学生尚缺乏发现知识的能力；教师倾向定论的教学而不擅长让学生对定论进行质疑，学生尚缺乏思想批判的精神；教师热衷眼前的达成而不擅长让学生对方法进行创新，学生尚缺乏灵活应变的本领；教师满足一面的精彩而不擅长让学生正反面进行审视，学生缺乏逻辑辩证的思想。回应素质教育的呼唤，本课堂实践与改进研究小组拟以培养学生创新思维品质为目标，诊断影响学生创新思维品质发展的教学原因，寻找促进学生创新思维品质提高的策略方法，最后提炼形成培养学生创新思维品质的理性认识。

一、第一次课

本次课执教教师执教的是初三年级一节中考复习课，内容是以 2011 年上半年最热门的时事新闻话题即日本大地震为话题盘活相关的知识及考点。

实践探索值得肯定的方面

1. 教师一改以往依据考卷试题讲解标准答案的传统复习课做法，以相关材料的呈现让学生根据考试说明寻找相应的考点，旨在培养学生透过现象看本质的能力。

2. 教师一改复习课上"读题—解题"的传统做法，通过呈现的时事材料，让学生小组合作进行自主命题的尝试，即让学生把自己的理解提炼转换成为问题，不失为培养学生逆向思维能力的一种尝试。

问题发现

课堂课基本上围绕命题和找答题要点展开，应试的氛围太浓；忽视对命题质量本身的要求，缺乏对学生创新思维能力的挑战，课堂精彩的生成比较贫乏。

原因诊断

1. 执教教师在让学生认识命题要领时，试图通过一个示范的例题让学生明白所体现的命题原则，但是教师没有让学生通过小组合作或独立思考的形式来总结发现，而是以思考引导的形式直接一个个地说出了背后体现的命题原则，替代了学生自己通过例题的外在表达形式深入分析其中蕴涵的命题原则的本质。

2. 执教教师尝试了创造机会让学生学习命题的教学创新，但是忽略了对学生命题质量的要求，结果导致了学生创新思维能力表现的不足。

例如，在总结命题要求时，教师提到了诸如导向正确、指向明确、简明扼要、科学规范、言简意赅和逻辑关联等项，但是对于命题质量直接相关的诸如"巧妙隐含"等要求没有涉及，致使学生很多的命题停留于问题和知识点之间的机械相关，所以针对这些问题的解答也是不假思索的。

3. 执教教师把整堂课的重心落在让学生学会如何命题上，流于为命题而命题的表面，而课堂上更为重要的是如何组织学生针对一些关键性的问题进行创新的思考和回答，后者才真正有望使学生的创新思维得到锻炼。

例如，在课堂上教师呈现了一则有关中国援助日本而出现两种不同的声音的新闻。教师只是要求学生思考"该从哪些考点、哪些角度命题？"而不是直接挑战学生多元创新的思维，让学生发表自己的看法甚至组织学生进行辩论。

4. 执教教师在解析样题时特别注重标准答案要点的界定，而不是引导学生积极地思考从而去解答和言说，束缚了学生创新思维的彰显。

例如，在样题"核电站的放射性物质泄漏会产生哪类问题？日本发展核电工业是为了应对资源短缺，而频繁的地震则表明这一方式不适合。你认为在发展区域经济时应该注意什么？（3分）"的分析指导中，教师提示学生要看题目分值去判断答案要点，暗示后一题显然要回答两点，即要因地制宜地发展经济，同时坚持可持续发展战略，使经济发展与环境保护相结合。

进一步实践探索的建议

1. 教师要针对课堂学习的内容创造性地设计开放性、挑战性的话题、问题或活动，让学生经历创新性思维的过程。

2. 教师要密切关注学生课堂学习过程中创造性思维的火花，积极利用和放大学生创新性思维活动的过程。

二、第二次课

本次课执教的内容是高中英语第 6 册第 4 单元的 Global Warming。教师设计了五个教学环节，即话题导入；初次结合课本学习有关 Global Warming 两种不同的观点的短文并进行讨论；再次结合课本上有关 Global Warming 的一来一往的两封信的内容；就 Global Warming 进行记者采访气候学家式的角色扮演活动；进行以 Global Warming 为主题的海报呈现和宣传交流活动。

专题探索值得肯定的方面

执教教师以 Global Warming 为话题，让学生两人一组分别扮演记者和气候专家的角色完成对话采访，以及让学生四人一组进行海报设计的交流与宣传，还有教师呈现亲手抓拍的学生日常生活中种种不环保节能的照片，形式新颖，激发了学生创新的思维，引发了学生创新思维的火花。

例如，在最后的海报设计的交流与宣传环节，第二组的学生代表呈现了史努比（Snoopy）和地球并列的宣传海报，其中写道："Animals are our friends, and protecting environment is like protecting our best friends." 第三组的学生代表呈现的是一棵枝繁叶茂的大树，其中写道："Let's start protecting environment." / "More trees absorb more carbon dioxide." 第五组学生表达呈现的是一年四季春夏秋冬的四张照片，其中写道："Different season, different look." / "Stop Global Warming."

问题发现

学生创新的思维没有激活，课堂精彩的生成仍旧显得比较贫乏。

原因诊断

1. 有些教学环节的设计不够合理，在学生没有充分预热准备的情况下就展开头脑风暴活动，思维活跃状态下的创造性没有出现。

例如，在第二个教学环节，教师在让学生朗读了课本上专家对于 Global Warming 会产生好还是坏两种不同的意见的短文之后，随即播放了一部灾难片《后天》（*The Day after Tomorrow*）中海水淹没城市的镜头片段，教师提出问题准备引发学生讨论 "Who should be blamed for this severe problem?" 和 "Will it happen?" 两个问题。点起的第一个学生对于第一个问题没有回答，点起的第二个学生对第二个问题只是以 "Maybe" 应对而不能展开。

2. 在学习课本有关一学生就 Global Warming 关心的问题向《关心地球》（*Earth Care*）杂志求教的一去一回的两封信的环节，教师没有设计恰当的、具有挑战性的问题来引发学生更多的思考，以致面对 Global Warming 应该如何应对时，基本上都停留于课本上杂志编辑提到的 6 条建议上。如果教师继续这样提问 "Except what the Editor suggests, what else can we do?" 就可以引导学生进行发散的思维从而生成鲜活多样的答案。

3. 在最后的海报设计的交流与宣传环节，教师与学生代表互动太少，没有就学生思维的闪光点和火花继续引导和挖掘并向全班简单总结和完善学生代表的宣传发言，致使学生思想的火花只停留于一刹那的光芒闪现。

专题探索进一步改进的方向

1. 教师不仅注重创新的教学设计，更关注创新的设计在课堂教学实践过程中引发的培养学生创新思维品质的效果，注意恰到好处地运用问题推波助澜，比如，思辨批判性问题"Global Warming, good or bad?"、思维发散性问题"Except what the editor suggests, what else can you do to stop global warming?"。

2. 教师在教学环节设计的过程中注重循序渐进的梯度设计，给学生创新思维的活动创造充分的激发条件和基础铺垫，如课本相关知识的学习在先，而鲜活表现的活动（角色扮演、海报宣传）紧跟其后，追求水到渠成的效果。

三、第三次课

本次课执教的内容是高中二年级大气环流单元的复习课。教学的目标主要有两个：理解大气环流的概念，能够运用大气环流的知识解释地理现象。教学主要分为五个板块，即课堂导入大气环流、基于大气环流问题的学情调查、局部大气环流的复习、全球大气环流的复习、知识的迁移运用。

专题探索表现出来的进步

1. 执教教师以问题为主线展开大气环流知识的复习，问题的设计体现了一定的创造性，形成了对学生思维的挑战。

例如，在学情调查部分也设计了 4 个问题，第一个是有关大气环流是指哪一大气层，第二个是对大气环流中"环"的理解，第三个是大气环流的动力问题，第四个是辨析课堂导入部分的两个题所涉及的环流是否属于同一环流的问题。

2. 在知识的迁移运用环节，执教教师引入的是 2000 年 4 月 3 日发生的一个真实的地理现象，即意大利遭受到了来自撒哈拉沙漠地区的沙尘暴，要求学生用大气环流的知识具体解释这一地理现象发生的成因。

3. 对于全球大气环流的流动情况，执教教师采取了直观箭头标示的形式，比较形象地反映了大气流动的方向，有助于学生的形象思维和形象记忆。

专题探索仍然存在的不足

1. 执教教师针对学生对所提问题产生的不同理解甚或是片面的理解没有进行恰当的回应，失去了课堂互动本应有的精彩。

例如，在提问"怎么认识'大气环流'中这个'环'字？"，有学生回答说"是指大气在水平和垂直方向上的运动"，教师没有予以分析评价就进入了下一题的提问环节。而事实上，学生的理解是片面的，因为无论是因为热力原因还是动力原因产生的大气环流都是存在于垂直平面的。如果教师让学生把整个环流的历程述说一遍就可以发现问题的答案。

2. 课堂上执教教师针对学生的学情来组织教学还不够多，针对局部大气环流和全球大气环流的知识基本上以教师讲解为主，而忽略了对实际学习疑难的了解与侧重，如不同的大气环流其动力是如何的不一样、山谷风的产生是不是因为山头的空气稀薄所致，等等。

三次课探索与改进所呈现的脉络

第一次课，学习任务的设计体现创新，任务完成的过程有指导，但是应试技能的训练胜过创新思维的培养，创新思维的培养处于低效。第二次课，学习任务的设计多处创新，学生思维的火花有闪现，但是，给予学生挑战任务完成的铺垫不充分，因势利导的时机有待把握。第三次课，学习任务的设计问题串联，现实案例的求解有新意，但是关注学生情境学习过程中的生成不够，创新思维的培养仍待提高。

四、专题研究的阶段结论与共识

透过政治、英语和地理三次课的实践，可以总结在课堂上培养学生创新思维品质的行之有效的策略，其中实践的不足可以启示在培养学生创新思维品质的实践中还应当尝试什么样的策略，结合在一起可以形成如下方面的阶段共识与结论。

1. 培养学生创新思维品质可以实践的策略与方法。

（1）头脑风暴，在开放的话题中形成丰富的见解。通过这样一种方式锻炼学生发散思维的能力，正如在本次专题实践研究的高中英语课上，可以以"面对全球变暖，我们可以怎么做？"（How can we do with global warming?）为题组织学生进行广泛且开放的表达，从而形成课堂丰富的生成。

（2）要点透视，在纷繁的现象中发现深刻的本质。通过这样一种方式锻炼学生透过现象看本质的聚合思维能力，正如在本次专题实践研究的高中

地理课上，可以在学生学习了大气环流的种种形式之后让学生思考诸如
"什么是大气环流？"、"怎么理解大气环流中的'环'字？"以及"大气环
流的动力是什么？"等问题，而这些问题都是隐藏在大气环流现象之后的本
质问题。

（3）批判建构，在独立的思考中质疑现成的观点。通过这样一种方式
是在锻炼学生在解构中建构的批判思维能力，正如在本次专题实践研究的初
中政治课上，可以以"中国对日本大地震进行援助是在忘记日本侵略中国
的历史"的论断让学生进行质疑反驳，充分表达自己的认识与观点。

（4）触类旁通，在具体的解题中归纳同类的解法。通过这样一种方式
锻炼学生类推迁移的思维能力，正如在本次专题实践研究的高中地理课上，
在学生学习完大气环流的知识之后，教师让学生找找生活中的哪些地理现象
可以用大气环流的知识来进行解释。

（5）反道而行，在反向的思考中开拓崭新的视野。通过这样一种方式
锻炼学生逆向思维的能力，正如在本次专题实践研究的初中政治课上教师让
学生针对一段时事材料结合考纲进行命题尝试的那样，就是促进学生通过逆
向思维从而达到知识掌握的目的的做法。

（6）求新立异，除常规的解说外创建新异的版本。通过这样一种方式
锻炼学生独辟蹊径的求异思维能力，正如在本次专题实践研究的高中英语课
上可以以"除了杂志编辑的建议之外，日常生活中我们还可以做什么？"这
种方式来大大丰富学生的学习面，避免人云亦云。

2. 判别学生创新思维品质表现参考的标准与视点。

（1）观点是否有针锋相对的碰撞？如果课堂上不同的观点真正在一起
进行了实质的碰撞，就表明在此过程中学生的批判思维参与其中。

（2）想象是否有无穷拓展的态势？如果课堂上学生的想象被充分激活
以至于对某一方面形成了丰富多彩的认识，就表明在此过程中学生的发散思
维参与其中。

（3）列举是否有趋于穷尽的结果？如果课堂上符合条件的各种情况学
生都基本上能够详尽地罗列与列举，就表明在此过程中学生思维的演绎能力
参与其中。

（4）发现是否有切中本质的概括？如果课堂上学生通过方方面面知识
的学习之后能够发现其后深刻的相同本质，就表明在此过程中学生的聚合思
维参与其中。

（5）习得是否有触类旁通的表现？如果课堂上学生通过知识的学习能够触类旁通，能够解决同类同性质的所有问题，就表明在此过程中学生思维的灵活迁移能力参与其中。

（6）解法是否有另辟蹊径的精彩？如果课堂上学生能够不因循教师已经提到的方式与方法而完全以一种别人没有想到或尝试过的方法解决了同样面对的问题，就表明在此过程中学生的求异思维能力参与其中。

第二章 激发学生课堂学习的兴趣

第一节 倾听设计心语

让学生看着影视学地理

浙江省安吉县安吉高级中学 田晓艳

多方搜集到一些素材，参考了众人的意见，在此基础上整理出了自己的思路。

导入：播放视频《三国演义》中"火烧葫芦谷"片段。

提问："神算"诸葛亮此次失算，是"天意"不灭司马懿，还是人为？

设计意图："火烧葫芦谷"，在相对封闭狭小的环境——谷底放火，局部地区空气受热膨胀上升，上升过程中水汽遇冷凝结，从而形成降水。此处设疑，为后面热力环流的知识中冷热不均引起气体垂直方向上升和下沉做铺垫。

创设情境：在无风的环境，点燃一支蚊香，可见一炷白烟竖直上升，如果在一边放一支点燃的蜡烛，蚊香的烟会向哪个方向偏，或者不偏？

学生猜测结果，不同意见的学生代表发言并说出自己的依据。

教师（或请学生完成）现场实验验证。

设计意图：经过实验，学生会更加明白：空气受热后会膨胀上升，密度减小，气压变低，所以气体从四周补充流入。

等压面

提问：等压"面"，为什么看起来是几条"线"？

解释：借助两本书，代表两个海拔高度不同的等压面，从侧面看，两个

43

面为两条线。

设计意图：教材中不同等压面用几条线表示，学生难以理解，会将其认为是等压线，和之后大气的水平运动中等压线的知识混淆，或者不能正确理解等压线在同一水平面上。此处，可形象地将"面"的形态用简单的方法演示清晰。

气压的变化

用点的数量表示空气分子密度大小，即气压的高低。近地面气压值高，空气分子密度大，用较多的点，高空中则用较少的点表示。

地面受热不均后，气体在垂直方向上升和下沉，动画演示，代表空气分子的点上升和下沉，重新达到动态平衡后，气压的高低即点的数量可从动画中直观地读出。

设计意图：将抽象的气压，转化为直观且可量化的空气分子数，可帮助学生更好地理解气体的流动和气压的变化。

等压面的弯曲

提问：地面受热均匀时，等压面和地面平行，当气压值发生变化后，等压面会发生什么变化？同一个水平面气压值有何变化？

引导学生设定一个气压变化的范围，标注出变化后的气压值，再将相同气压值的点用曲线连接，在这条线上，气压值相同，即得到弯曲后的等压面。

设计意图：此处为本节课的难点，学生较难理解等压面的弯曲规律，通过数据自己画出结果图，学生既观察到了规律，也能更加深刻地明白"为什么有这样的规律"。

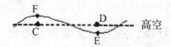

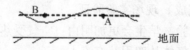

图 2-1 不同地方气压值的比较

提问：1. 比较 ABCDEF 六点的气压高低。

2. 比较 AB 两地气温的高低。

设计意图：此题可巩固热力环流的形成，学生对此题的兴趣较高，彼此间有竞争的心态，积极地思考，比较主动地将此难点攻克。

海陆风

展示一幅海滨有沙滩海洋的画面，问：导演拍摄海风吹拂女主角的影像，应该选择晚上还是白天？

设计意图：用热力环流的知识，结合初中阶段学过的比热的知识，学生可以分析得出答案。此题和生活相关，学生觉得学有所用；在课堂的后半时段，且完成一个难点的思考，学生已经比较疲倦，此处选用怡人的景观图片，学生看后身心愉悦，精神得到放松，另外，问题内容较为有趣，学生都比较积极地回应。

城市风

设计意图：城市热岛——城市雨岛，引出上升气流为成云致雨的一个条件，为后面山谷风及"火烧葫芦谷"引起下雨做铺垫。

山谷风

选用李商隐诗《夜雨寄北》。

设计意图：巴山夜雨，四川盆地夜雨量占总雨量的 60% ~ 70%。通过此案例引入，结合成雨条件，进而运用热力环流知识分析山谷风。

呼应"火烧葫芦谷"失败的原因，谷底放火为热源，气流受热膨胀上升，空气湿度增大等条件下，引起下雨。

以动画辅助揭科学奥秘

浙江省安吉县安吉高级中学　李小波

热力环流，是高中地理的基本原理之一，也是后面学习风、气压带风带、气候和天气系统的基础，在高一地理中占有重要的地位。这块内容和生活中的一些实际现象联系紧密，所以课堂的学习应该和生活紧密相连，基本上采取的思路就是："案例—原理—案例"的形式。由于我们研究的主题是如何吸引学生，提高学生学习地理的兴趣，所以在课堂中，我尽量采取不同的方式和手段抓住学生的兴奋点，让学生真正将自己融入课堂中，让学生在学习原理的时候不再感到枯燥和乏味。让学生既学到知识，又寻找到学习地理的乐趣。

第一部分的案例，主要的目的是运用生活中的现象来拉近地理课堂和学生之间的距离，并为后面的原理学习做好铺垫。导入部分应用三国故事诸葛亮"火烧葫芦谷"，大火在谷底烧得正旺的时候却出现了大雨，让学生运用自然科学的知识解释其原因，然后引出基本的物理现象"空气的热胀冷缩，受热空气膨胀上升"，然后提出假设，如果谷底放的是冰块，空气将会怎样运动——空气冷却下沉。这部分的设计意图，一方面三国故事是以视频的形式出现，能极大地提高学生的兴趣，将学生的注意力集中起来。另一方面能够和冷热不均引起空气运动联系起来。

第二部分，热力环流的原理学习。通过导入部分的案例及中学物理知识，知道空气在受热和冷却的时候将进行上下的垂直运动。然后将此放在一个理论的环境中（如图 2-2 所示）：近地面的空气，一个地方受热，另一个地方冷却，设问——在近地面和高空的空气将会怎样进行运动，从而转入理论上的热力环流学习。然后让学生根据已有的知识进行思考，并尝试将空气的运动画出来。学生画得正确与否，暂且放下不说，到底如何，通过观看实验来验证。

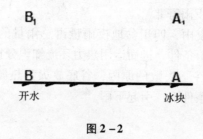

图 2-2

播放实验视频，学生观看视频的同时，对照自己画的空气运动图，判断自己到底画对了没有，对的思考其中的原理是什么，错的也思考其错误的原因。学生进行简短交流，自己归纳热力环流的形成过程。然后教师通过一个动画，从原理上解释热力环流的形成过程，让学生通过对比自己的理解，从而对知识达到较深的理解。再归纳原理的形成：首先明确等压面的概念，并运用立体的动画演示，加深感性的认识。其次，在理论条件下，地表受热均匀的时候，等压面是和地平面平行的，越往高处，气压值越低。再次，明确环流形成的先后顺序，先有近地面空气的冷热不均，然后是空气的上下垂直运动，再是同一水平面上产生空气密度的差异，产生气压差异。最后是水平方向上的空气运动，由高气压流向低气压，形成环流。

第三部分是原理的运用。设置生活情境，"要为洗发水拍摄广告，要拍出头发在海风中飘扬，问应该选择在什么时间拍摄"，以此来引出海陆风的思考问题，让学生应用热力环流的原理，分析白天和晚上近地面的风向，从而解决这个问题。然后，用一首大家熟悉的诗《夜雨寄北》，引出诗句中描述的现象"巴山夜雨"——大巴山和四川盆地的降雨多出现在晚上。引出常见的热力环流实例——山谷风。而城市风相对简单，直接从当今的城市热岛效应出发，既结合原理，又涉及城市环境问题。在此可以提出一个开放性的问题供大家讨论，如何将城市的热岛效应减轻一些，通过讨论提高大家的环境意识。

整堂课的设计，既有自己的想法，还有一些是在前面上课的教师的基础上修改之后得到的。有关诸葛亮"火烧葫芦谷"这段视频，处理的方式存在较大的差异。前面的教师是将此设为一个谜底，在最后的时候再来解开，达到前后呼应的目的，增加课堂的完整性。而我则是将此作为一个引子，引出空气的垂直上下运动。因为葫芦谷本身不大，在谷中很难形成环流，所以觉得用山谷风来解释有点欠妥。而在后面的热力环流形成示意图，运用了空气分子的动态运动，较为直观，利于学生理解。而后面的案例情境设置处理时，前面的教师选择的情境很好，所以只是在她的基础上简单地做了一点修改。总体上，这堂课的设置主要是在前面和后面的案例中捕捉学生的兴奋点，提高学生的兴趣，主要运用了视频、实验、动画、生活案例分析等手段。

学中练让学生体验成功

浙江省安吉县安吉高级中学　谭利宏

围绕本次课例研究的主题——如何在课堂上激发学生的学习兴趣，我的设计理念就是了解、关注学生的兴趣点，他们疑惑的地方就是兴趣所在点，通过精心设计学案，并提前发下学案让学生先做，从而了解学生的难点和兴趣点。怎样在课堂上激发学生的学习兴趣呢？

我教学设计的总体思路如下。

一、创设情境，设置悬念
先选取一个典型的事例，以轻松愉悦的音乐为开头，播放《军港之夜》视频，吸引学生的注意力，然后一个问题抛出来，说这首歌歌词有错误，"军港的夜啊静悄悄，海浪把战舰轻轻地摇，年轻的水兵头枕着波涛，睡梦中露出甜美的微笑，海风你轻轻地吹，海浪你轻轻地摇……"听上去并没有错误，那么学生很自然地想了解错误在哪里？要想得到答案，等学完了这节课自然就明白了，以此激起学生的学习兴趣，很自然地引入新课。

二、创设条件，设计疑问

这节课主要是讲热力环流形成的原理，这是大气运动的基础。而热力环流是在受热不均的情况下先引起大气的垂直运动（受热上升，冷却下沉），导致在同一水平面上产生气压差，进而引起大气的水平运动——风，从而形成了大气运动最简单的形式——热力环流。气压的概念，学生在初中有所接触，而学生对等压面与等压线这两个概念容易混淆，所谓等压面是指在垂直方向上气压相等的面，反映的是垂直方向上的气压差异；等压线反映的是水平方向上的气压差异，是指同一水平面上气压相等的各点连线，即某一高度的水平面切割等压面而得到的交线。

先假设某一理想区域，地表性质均一，且受热均匀，比较垂直方向和水平方向的气压值的大小，得出它们在同一水平面上的气压值相等。在垂直方向上，气压随高度的增加而递减，为进一步的原理学习做好铺垫。但是，当地表受热不均的时候，大气将会怎么运动呢？这里引入了一段三国故事里的"火烧葫芦谷"视频，让学生直观了解受热后，空气将怎么运动？并不过多地解释其中的道理，比如说为什么会下雨呀？什么样的地形啊？播放视频后，很快得出受热后空气的运动方向——膨胀上升，而冷却空气收缩下沉，这就引起了大气的垂直运动。那么受热后，在它的高空因空气密度变大而形成高气压，在近地面形成低气压，而冷却的地方的高空因空气密度变小而形成低气压，近地面形成高气压，从而在同一水平面上产生气压差，引起大气由高压流向低压，形成大气的水平运动，即构成了热力环流。并用动画更直观地加以演示，加深理解。等压面也会随之发生变化，怎么变化？以及高低压的判读，又是学生比较困惑的地方。让学生自主作图、自己讲解、请学生到黑板上来画出等压面的变化，并提出疑问：为什么同一水平面是由高气压流向低气压的，而在垂直方向上是由低气压流向高气压？为什么近地面的低气压比高空的高气压还要大？在矛盾中让思维碰撞，激起学生的兴趣点，让学生逐步明白其中的道理。现学现做，以一道等压面弯曲来判读等压值的大小的图，进一步巩固知识，以达到掌握热力环流形成的原理之目的。

三、案例探究，首尾呼应

以生活化的案例来探究其中蕴涵的地理知识，做到学以致用。青岛的市民常说，青岛一般白天感到空气潮湿，夜晚感到空气比较干爽。为什么呢？以白天和晚上为例，分别探讨海洋和陆地的热力性质差异，白天，陆地增温快，气温高，空气膨胀上升，海洋相对风由海洋吹向陆地，即海风，它从海洋上带来大量的暖湿气流，所以感到空气潮湿；晚上，陆地降温快，气温低，风由陆地吹向海洋，称之为陆风，空气比较干爽，合起来叫海陆风。这个问题解决了，很自然上课之初有关《军港之夜》的歌词错误问题也迎刃而解，学生立刻就知道了错在何处，并明白其中的原理所在。学生感觉学到了新知识，兴趣自然非常高，积极主动参与课堂中来。

四、以点带面，举一反三

本节课不过多地列举热力环流的实例，比如说城市风，即城市热岛效应，山谷风、沙漠与绿洲之间的热力环流等，而是紧紧围绕热力环流形成的原理，以海陆风为载体，让学生真正掌握其中的奥秘，一旦掌握了这一点，其他的就很容易了。为了检验学习的效果，通过几道题目来检测，第一道题目包含了各种热力环流的画法，只有真正弄懂了热力环流才能做出来。第二道题目将趣味性融入，但难度更进一步，到底是白天污染让人忍无可忍，还是晚上呢？猪八戒用哪一个诉状可能会胜诉呢？这里其实就是一个典型的热力环流——山谷风的运用，调动学生的兴趣，讨论得出答案，从而达到举一反三的效果。

第二节　回放教学全程

第一次课："热力环流形成的原理"课堂实录

执教教师：浙江省安吉县安吉高级中学　田晓燕

师：上课。

生：起立。

师：同学们好！

生：老师好！

师：大家有没有看过三国，中间有一个片段就是"火烧葫芦谷"，这个主人公是谁？

生：诸葛亮。

师：诸葛亮火烧葫芦谷，他要烧谁呀？就烧葫芦谷吗？

生：不是。

（播放视频"火烧葫芦谷"）

师：这场雨是不是下得非常及时？

生：是。

师：是老天有意帮助他？

生：不是。

师：为什么？诸葛亮是神算，是吧？他怎么没算到现在会有一场雨呢？这是偶然的，还是必然的？

生：必然的。

师：必然的吗？你们为什么说是必然的？其实我们学完今天的知识理论就可以解释。我们这儿有一个小小的实验，就是如果点燃一支香，会有烟，是吧？

生：嗯。

师：好，这个烟，如果没有风的影响，它应该是竖直往上的，是吧？

生：是。

师：但是如果我在旁边点一支蜡烛，你们说这个烟还会不会是竖直方向的？

生：不会。

师：可能会怎样呢？

生：C。

生：B。

师：到底应该是怎样的？

生：B。

生：C。

师：好，这个呢。我真的有准备，不过，你们可以先想一下，可以小组讨论。

（学生讨论，教师准备实验）

师：好，可以了，你们讨论的结果是怎样的？

生：B。

生：C。

师：好，选 C 的同学，你来说一下。

生：因为我觉得，蜡烛烧起来，释放热量，然后它周围的空气吸收热量，热胀冷缩，然后空气往外胀，烟就往外去了。

师：好像是有道理的。热胀冷缩，是不是肯定是这样子的？那选 B 的同学呢？什么道理？谁来说一下。

生：就是蜡烛在烧的时候，热气流是上升的。然后这边的气压就大一些，然后就压过来了。

师：我看到后面很多同学点头了，是不是挺认同的，是吧？那我们现在可以来验证一下，现在需要满足一些条件，你们能不能给我创设一个比较好的实验环境。就是找一支香，希望它的烟大家能看得到，烟能看得到吗？后面的同学能不能看得到？

生：能。

师：放在桌子上，这个烟能看得到吧？

生：能。

师：你们不要说话。这个烟往上，等一会儿放蜡烛（点燃蜡烛）看到了吗？往哪个方向？

生：B。

师：是不是往蜡烛的方向？

生：嗯。

师：有没有 C 的时候？

生：没有。

师：有 C 的时候你们看到是在什么情况下？刚才我们这个实验做得比较稳定的时候，是不是一直在靠近蜡烛的时候？

生：对。

师：所以这个时候是实验结果比较成功的时候。那为什么会是这种状况？这个香的烟为什么会往那个方向偏？说明什么问题？

生：气压小。

师：是不是气流往这儿移动，是吧？这个图能看懂吗？

生：能。

师：受热，然后上升，上升的话，近地面，这个地方，气压值……？

生：小。

师：气压值减小，是吧？两边的气压就……？

生：变大。

师：然后气流就……？

生：往右。

师：是不是压过来了？

生：嗯。

师：那这个我们就明白了。还有一个，就是一个升级的实验。大家回去可以自己找一些器材，找一个箱子，上面两个纸片。一边是加热，一边是冷却，你们判断一下。A纸条怎么偏呢？

生：往右。

师：B纸条呢？

生：往左。

师：是不是应该和我们刚才的道理是一样的？

生：嗯。

师：热的地方就这么过来，上面的话刚好相反，对吧？你们确定吗？

生：能。

师：你们确定吗？你们做过这个实验吗？

生：没有。

师：回去了是不是可以做一下？可以去验证一下。那这个的话，今天我们这堂课要学的，就是空气为什么会这样子流动？原因是什么？你们看，一开始的时候，我们刚刚做过的实验，这儿都是平的，我们没有地方热，热和冷是不是均一的？它这个烟是不是竖直向上的？后来发生了什么事情？

生：偏左、偏右。

师：是不是有的地方热？其他地方相对冷一点，如果热和冷之后，在不同的地方，气流将会发生怎样的变化？我们的学案上面，左边有一幅图，你们可以的话，把这……上面有四个方框，你们可以先判断一下，用箭头标一下。气流怎么运动的？垂直方向上怎么运动的？还有六个格里面，它们的气压值是怎么变化的？对应的冷热跟这里

52

一样。这个地方比较冷，两边比较热。就根据刚才实验的结果来做。

（学生思考、做题）

师：你来说一下，这三个地方的气流是怎么运动的？

生：B地气流是上升，A的地方是下降，C的地方也是上升。

师：是不是这样子的？

生：是。

师：原理是什么？这儿是不是由于热胀冷缩？空气受热上升？非常好。那接下来，你们看，一开始的时候，近地面在同一个高度，气压值是不是应该是一样的？

生：嗯。

师：现在的话，你看它，气流在垂直方向上发生移动后，是不是气压就不一样了？

生：嗯。

师：在这个地方？

生：气压比较低。

师：密度减小，气压就变低，是吧？你们学会了没？在这个地方？

生：气压高。

师：变高，那这儿就变成了高的。这个地方呢？

生：低。

师：很好。那在高空中的状况？

生：相反。

师：是不是刚好与近地表面相反的？那在同一个表面上，是不是有了高低压之分。空气的密度是不是不一样？

生：嗯。

师：它会不会一直这样持续下去？

生：不会。

师：气体会不会继续流动？

生：不会。

师：接下来发生什么事情？

生：左右。

师：左右的方向怎么定？近地面怎么流？

生：由 A 到 B，到 C。

师：这样的话，没问题吧？好，请坐。那像现在的话这幅图就是两个完整的热力环流。下面的肯定这样子流，上面的为什么往中间流？

生：由高气压流向低气压。

师：我们刚刚判断出来的，这儿的话，是不是低压？上面呢？

生：高压。

师：是不是也是高压，用高来表示。这儿的话？

生：低压。

师：用低来表示。同一水平面上，是不是由密度大的、高压的地方流向低压的地方？对，没问题了吧？

生：没有。

师：所以这儿，你看，箭头这儿，这个地方就形成了一个环流。这儿的话是不是也有一个环流？

生：嗯。

师：这个的话我们就叫做热力环流。那空气水平运动，形成的是风。那这个移动，风形成的直接原因是什么？

生：气压差。

师：是不是有气压差？

生：嗯。

师：对，我们这儿有一个新的知识点，就是把这个气压差，水平方向的气压差，这个之间的力，叫做水平气压梯度力。水平气压梯度力就会使气体由高压流向低压。那这个直接原因就是水平气压梯度力。而这个根本原因呢？什么造成了气压的差值？

生：冷热不均。

师：就是冷热不均，对吧？那这个就是我们热力环流一个基本的原理和示意图。大家现在可以看一下课本的第 47 页到第 48 页的解释，以及图 2 - 29。刚刚分析的这个过程是怎样的？

（学生看书，教师在黑板上画图）

师：和我们刚刚画的图原理是不是一样？但是在这个图中，还有一个名词，我刚刚没有提到的，有一个名词是等压面。什么意思？

生：气压值相等的面。

师：就是这个面上，气压值都是相同的，是吧？

生：嗯。

师：那这儿的话就是一个等压面。这个上面的气压值都是一样的，我给它的气压值设定为 1005 百帕。上面的任何一个点气压值都是 1005 百帕，然后在高空中，再找另外一个等压面，这个等压值我给它设定为 998 百帕，这个有道理吗？

生：有。

师：如果我设定为 1006 百帕可不可以？

生：不可以。

师：这儿有一个什么关系？

生：高度越高，气压越低。

师：随着海拔的增高，气压是降低的。那一开始的时候，如果是均匀的，等压面应该都是水平的，没有弯曲。

（随着海拔升高气压值降低）

师：地面，一开始冷热是均匀的，等压面是不是就应该是水平的？没有弯曲。

师：可是刚刚我们已经分析过了，当受热不均之后，气压值是不是会发生变化？如果气压值发生变化之后，等压面还可能是水平的，而没有弯曲吗？

生：不可能。

师：是不是肯定会弯曲？

师：那会怎样弯曲？

生：从高处向低处……（小声猜测性回答）

师：你们现在可以做一件事情，就是：想一下，当气压值变化之后，等压面会怎么弯曲？

生：（讨论）

师：找等压面，可不可以找一个值，把这个值所有的地方连起来，是不是就找到了？

师：我们就找 1005 百帕的，可以吗？在这个地方（C 地近地面，低压）如果要找 1005 百帕的地方，在原来的什么地方？

生：上面。

师：在原来的什么地方？现在的 1005 百帕。

生：下面。

师：是不是下面一点。

生：嗯。

师：这里呢？（A 地近地表，高压）

生：上面。

师：这里（B 地近地表，低压）

生：下面。

师：（画出 1005 百帕的点）如果是现在，等压面如何弯曲？是不是把这个连起来（把 1005 百帕的点连成一条线）。能不能把上面（手指示高空）这个画出来？在学案上画一下。

生：（画图）

师：画在学案左侧的这幅图上。（走廊巡视，指导）

师：画完之后，同桌之间相互看一下，看看你们画得有什么不同。

师：同桌讨论一下，不同的地方，为什么不同。

（学生将自己的答案画在黑板上，教师指导）

师：看看这个，你们和他画得一样吗？

生：一样。

师：真的都一样？

师：这个怎么画出来的？（问画图学生）

生：下面是气压低，慢慢就运行上去后，就冷却了，就气压高了。

师：上来说一下，指一下。

生：一开始，这里（A 近地表）是冷空气，这两边（B、C）是热空气，（C）这里气压低，然后就上升，上升之后，这里（C 地高空）就温度降低，就冷却了，气压就高。

（众生有疑义）

师：这里怎么形成高压的？

生：气流上升。

师：前半段，分析得对，气流上升。那就是说，下面的一部分气体运动到了上面，下面的气体密度是不是比之前小，但是上面的密度是不是变大了，所以上面气压相比以前气压是不是比较高，所以形成了高压。是这样的吧？

师：现在，看，以前，（高空）这个地方是不是都是 998？现在（C 地高空）密度是不是变大了？

56

师：密度变大，气压是不是变高了？

生：嗯。嗯？

师：这儿有一个问题，这儿（C地高空）的高压是和哪个比较的高压？（停顿）和下面的吗？

生：不是。

师：是不是和之前的情况比较得来的？它比以前变高了，是不是？所以是和之前的比较，它就是同一个水平高度上的一个高低压。

师：现在我们来看，以前这个地方是998，现在密度是不是变大了？密度变大，气压是不是变大？（学生思考）

师：这儿有个问题，这个高压是跟哪儿比的高压？跟下面比吗？

生：不是。

师：它比之前变高了，所以和之前的比较，它是在一个同一水平高度上的比较。明白了吧？你看，这个下面即使是低压，和这儿的高压相比较，哪个气压值更高一些？

生：A。

师：对，还是这个，随着海拔的升高，气压值还是降低了。这个高压是在水平高度上的一个比较。好。

生：这里气压高，然后中间气压低，然后空气……

师：不管空气，我们现在说等压面是如何变化的，气压值是怎么变化的？

生：它这里气压高，然后气压值是1002百帕好了。（画环流图）

师：这个环流图就全部完成了。刚刚同学们如果没记齐的话可以参照这个图完整地画出来。刚刚我们这个地方等压面的弯曲，这个数字这样选取，你们能明白吗？

生：能。

师：所以你会发现一个规律，在高压的地方等压面怎么弯曲？向哪个方向？

生：上。

师：而低压的地方呢？

生：向下凹的。

师：现在你们看右面的那幅图，先看看几个点气压值的高低。

（学生思考，教师指导）

师：你们突破的地方在哪里，有一个很关键的。这儿有一些基本的原理，就是若是同一个地方，随着海拔的升高，气压值也降低了。所以 A、B、D 三个地方是可以一起比较的。而 B、C、F 也可以一起比较。像中间的，像这种是怎么比较的？C 和 D 怎么比较？

生：它在这个等压线的上面肯定比等压线的值高，……B 肯定比这个等压线低，A 肯定比等压线高，所以 A 大于 B。

师：你先告诉我，C 和 D 哪个高？

生：等压线是弯曲的那条？

师：对，现在弯曲了。

生：那就是 A 大于 B，C 大于 D。（也有学生答 A 小于 B）

师：稍等，C 和 F 哪个气压值高？

生：C。

师：D 和 E 呢？

生：E 大于 D。

师：E 和 F 呢？

生：相等。

师：那 C 和 D 的关系呢？

生：C 大于 D。

师：那下面 A 和 B 的关系呢？

生：A 大于 B。

师：排一下序。

生：A 大于 B 大于 C 大于 D。

师：今天就到这里。有问题的话我们课下再研究。还有后面给大家三幅图，可以画一下。这个风是怎么吹的？海洋和陆地这个风在白天从哪里吹向哪里？在晚上怎么吹？请看这个题目。我们都喜欢到海边去避暑，如果你想凉快一下应该去哪里？如果要拍这个镜头，让海风吹拂长发，白天还是晚上？

生：白天，……晚上……

师：不要着急说，把这张图完成，答案就出来了。好了，今天就到这里，下课。

第二次课："热力环流形成的原理"课堂实录

执教教师：浙江省安吉县安吉高级中学　李小波

师：上课，同学们好。

生：老师好。

师：请坐。

师：三国故事大家都应该比较熟悉，三国中一个牛人叫诸葛亮。诸葛亮是三国时期一个杰出人物，无论是从政治上还是从发明创造、军事方面来讲，都是三国时期的一个杰出代表者。而且在战争中的智谋也远胜于其他人。火攻是诸葛亮比较擅长的策略，在三国中他用火攻制胜的案例也非常多，比如火烧新野、火烧赤壁，赤壁之战这个战役是很有名的，借东风烧赤壁。虽然说他的火攻屡屡建功，屡屡制胜，但是还是有一个失败的案例，那就是火烧上方谷。上方谷又称葫芦谷，它形似葫芦之状，中间可以容纳的人非常得少。可以说这个地方是一个天然的用火攻的场所。为什么在这样一个地形非常有利的地方，他的火攻却失利了呢？

生：下雨了。

师：下雨了，为什么会下雨呢。咱们有这样一个片子，大家可以观察一下其中的地形。

（播放视频"火烧葫芦谷"）

师：视频就先看到这，我们看到司马懿已经是强弩之末，但是由于这样一场雨，使他们能够起死回生。这场雨有人说是因为天意，认为诸葛亮火攻有伤天和，所以故意降了这一场雨。有人说这场雨是人为原因造成的。到底是天意还是人为，我们能不能够从自然的、科学的方面来解释一下？能不能找到一个科学的依据？大家可以从这个雨是怎么形成的，然后结合这个火来探讨一下。咱们物理学上学过热胀冷缩的原理，这个大家都应该清楚啊，大家想想，当我们这个空气受热的时候会怎么样。

生：膨胀。

师：膨胀，然后怎样运动。空气受热膨胀，然后形成向上的气流。而我们前面所学过的知识，随着海拔的升高，气温是怎么变化的。气温是怎么变化的？

59

生：海拔越高，气温越低。

师：当热空气上升到高空的时候，会形成什么状况。

生：冷却。

师：冷却形成小水滴，然后降下来，这场雨，葫芦谷的这场雨用一个科学的依据来这样解释。大家想想，如果换一种情况，这个葫芦谷里面不是一场火，而是堆的冰块，那这里的空气的气流会有怎样的运动。

生：向下。

师：向下运动，遇冷，空气会收缩下沉。例如在我们这样一个图当中。你认为在这四个点之间，空气将会怎么样进行运动。

师：大家可以先猜测。同桌之间可以交流。（学生观察思考）

师：要怎么运动，要说出一个猜测的理由。（学生思考交流）

师：来看一下咱们同学的猜测结果。×××同学。

生：B 的空气上升到 B_1，A 的空气收缩下降。

师：其他地方呢，AB 之间空气是怎么运动的。

生：AB 之间（思考一段时间）B 到 A。

师：B 到 A 为什么？（思考无结果）先请坐，再思考一下，我们有一个实验，可以验证这个空气的运动，我们先把这个问题放着，先看看，如果说是刚才那个情境，这块是一个大玻璃缸，为了排除外界因素的干扰，左侧这个碗里是热水，右侧这个是冰水，我们看看，在这样一种环境下，空气会怎样运动。

（观看视频）

师：前面的同学可能看得清楚一些，里面有些烟从缝里面进来。后面的同学和侧面的同学可能看得不是很清楚。（一段时间后）大家能不能看到这个烟的运动？

生：能。

师：大家看到冷的地方的烟是怎样运动的？

（生相互交流看到的情况）

师：冷的地方烟是朝下运动的，而整个地方的运动方向是不是形成了一个环状啊。

（展示动画）

师：这些点表示空气分子，为什么图中的近地面的空气分子要比高空的多一些。（学生思考交流），大家有没有爬过山，去过西藏。有很多去过西藏的人回来都说这个地方怎么样？

生：缺氧、空气稀薄。

师：所以海拔越高的地方空气越稀薄。所以用这样的图来表示。近地面的空气密度要大一些，高空的空气密度要小一些。现在 ABC 三点的空气分子是一样的，说明三点的空气密度是一样的，当 A 这里受热，B 和 C 冷却的时候，空气会怎么样运动？A 处空气受热膨胀上升，B 和 C 处空气下沉。那我们再观察一下，现在在同一水平面上的空气密度还是不是一样的。

生：不一样。

师：不一样的话空气将怎么运动，（学生思考）密度大的和密度小的之间将会怎样运动。

生：密度大的流向密度小的。所以高空的运动方向是这样的，近地面是这样的。现在我们就可以用这个原理来解释刚才实验中发生的现象。冷水处的空气是下沉的，热水处的是上升的，然后在箱子里面形成一个循环。这样的循环我们就把它称之为热力环流。因为这是由空气的受热和冷却形成的。这里是单从密度上来讲空气的运动。如果是用气压来表示的话，这图中的气压 ABC 相比哪个高哪个低？

生：BC 要高一些。

师：在高空呢。

生：A 点的高空高。

师：所以空气密度越大的地方，气压值应该越高。如果说在空气受热均匀的情况下会怎样。这里有个新的概念——等压面（展示课件）。这个是地面，这些就是不同层次的等压面。等压面，顾名思义，在这个面上气压值是相等的。

师：我们再比较高压和低压，都是在同一水平面上来比较的。如果是在竖直方向进行比较，下面的肯定是要大于上面的，刚才我们同学的解释很明显了。海拔越高的地方空气越稀薄，空气密度越小，所以无论这里空气怎样流通。A 的气压比 A_1 要高。这里大家一定要注意，刚才我们的同学就在这里纠结了半天。那么在生活中我们能遇到哪些热力环流的实例呢，接下来有这样一个情境，某女明星代言了一个洗发水的广告，要在海边拍摄一组场景，要求面朝大海，飘逸的长发要在海风中飘扬。头发要在海风中飘扬的话，让你选择时间，白天和晚上有没有区别？

生：有。

师：大家尝试想一下，白天风是怎么吹的，晚上是怎么吹的？我们学案中有这样一个海陆风的例子，就是热力环流在现实中的案例。大家尝试画一画在海洋和陆地之间，海陆风是怎样形成的。

　　（学生活动，学案）

师：大家把环流画出来，地面的风，和高空的风都画出来。

　　（学生活动，个别指导）

师：环流大家都画好了吧，××同学，说一说白天的时候环流应该是怎样的。

生：是陆地上升，海洋是下降，上空是陆地到海洋，地面是海洋到陆地。

师：为什么要这样画？

生：因为白天是陆地温度高，空气向上，然后陆地上方的气压高，流向气压低的地方。海洋的温度低，空气下降，由高压流向低压。

师：请坐。事实上是应该这样解释的，只是语言上比较啰唆。实际上解释非常简单，陆地上白天应该怎样。因为陆地的比热小、白天升温快，所以温度高，空气上升。而海洋空气下沉，所以在陆地上形成低压，海洋上形成高压，然后在高低压之间形成空气运动。而在上空同样如此，由高压流向低压。大家想想，通过这样一个环流，我们在做出来这样一个环流之后，我们刚才所说的拍摄应该在什么时候进行。

生：白天。

师：这首诗不知道大家有没有听过。（教师朗读《夜雨寄北》）

生：听过。

师：这首诗描述的是一个什么地方。

生：大巴山，四川。

师：巴山夜雨，说明一个什么样的事件。

生：四川盆地晚上下雨。

师：晚上下雨，这里主要描述大巴山，以及四川盆地。里面下雨的时间主要在晚上。它的地形主要是这样的（展示课件）。那么大家能不能根据刚才我们所学的热力环流，将这里的环流画出来，然后解释一下为什么在四川盆地下雨主要在晚上，然后将环流画在学案上面。在学案上面还有一个城市风，大家也尝试着把它画一下，下节课我们再来订正。

师：下课。

第三次课："热力环流形成的原理"课堂实录

执教教师：浙江省安吉县安吉高级中学 谭利宏

师：上课。

生：起立。

师：同学们好！

生：老师好！

师：同学们，我们先来听一首歌，轻松一下。

（播放《军港之夜》视频）

师：好，我们这首歌就听到这里。有人说这首歌的歌词有错误，你觉得呢？我们再来听一下。（播放一小段："军港的夜啊静悄悄，海浪把战舰轻轻地摇，年轻的水兵头枕着波涛，睡梦中露出甜美的微笑，海风你轻轻地吹，海浪你轻轻地摇……"）这首歌的歌词到底有没有错误？

生：有。

师：我们学完了这节课之后，将会得到答案。我们假设一个地方受热比较均匀的时候，同时看学案，请同学们比较一下，这几点，首先是a_1、a_2、a_3在垂直方向上的，以及水平方向的，它们的气压值将会怎么变化？（学生思考一会儿后）a_1、a_2、a_3将怎么变化？

生：递减。

师：随着高度的增加而递减，是吧？

生：嗯。

师：那么，a_1、b_2、c_1呢？

生：一样。

师：因为在同一水平面上，受热比较均匀的时候，气压值是相等的。相同的点在同一个水平面上，这个就是等压面，这个看得直观些。那

63

么，气压，我们在初中是不是学过了呀？

生：学过了。

师：单位面积上大气柱的重量。随着高度的增加，气压是下降的，我们从这个数值上也可以看得出来。等压面就是气压值相同的平面。但是，如果受热不均，那会怎么样？我们来看一下三国故事中诸葛亮火烧葫芦谷。

（播放"火烧葫芦谷"，在黑板上画出一个简单的示意图，标注地面 A、B、C 三地）

师：我们看到，这个地方放火之后，是不是受热了？

生：是。

师：那么，受热之后，空气将会怎么运动？

生：上升。

师：周围的话，气温相对低一点，空气将会怎么变化？

生：下沉。

师：在这个上升的过程中，空气分子膨胀上升，在高空将会发生什么样的变化？空气的密度是变大还是变小？

生：变小。

师：就是说高空的密度是变大还是变小？（在黑板上指示出来）

生：变小。

师：变小吗？

生：变大。

师：好，那我们来看一下。（动画演示）此刻是受热比较均匀的时候，对不对？

生：对。

师：当受热不均的时候，此刻该地受热，空气是不是膨胀上升？

生：是。

师：上升之后，在它的高空，那么你说，将会是一个怎样的变化？

生：变大。

师：空气密度变大，在它的两侧呢？

生：变小。

师：我们来看一下，是不是？（动画演示）

师：那么在同一水平面上，我们来比较一下。在同一水平面上，空气密度是不是有大有小？

生：是。

师：空气的密度增大，气压将会怎么变化？气压将是怎样的？在同一水平面上，我们看高空，这里的空气密度增大了，这里的气压？

生：增大。

师：也可以说是高气压。那么在两侧呢？

生：低气压。

师：（板书）那么这里就是高气压，这里就是低气压。

师：在近地面是怎么变化的？这是高空，这是近地面。在 A 地，受热，空气上升，将会形成一个什么气压？

生：低气压。

师：那么这里呢？

生：高气压。

师：这样的话，在同一水平面上就产生了？

生：对流。

师：同一水平面上。

生：气压差。

师：空气将会由……？

师生：高气压流向低气压。（师生共同说）

师：在高空，也是……？

生：高气压流向低气压。

师：好，我们来看一下，这样的话，就构成了一个……？

师生：大气热力环流。

师：我们再来简单地看一下。（动画演示）高空、近地面，由高气压流向低气压。

师：同学们看一下，我们刚才说了，在地表受热均匀的时候，等压面是不是水平的？

生：是。

师：那么当受热不均的时候，等压面还会水平吗？

生：不会。

师：那么将会是一个怎样的变化呢？你们可以结合我们的学案，自己先动笔画一下。把热力环流画出来，动笔画一下，这个等压面将会怎么变化？

（学生动笔在学案上画出热力环流，以及等压面的变化，教师了解学生画的情况）

师：近地面，由高压流向低压。但是，B是由低压流向高压，为什么会这样？

生：受热。

师：B地受热膨胀上升，上升之后，在近地面形成了低压，高空形成了高压。我们高压和低压是怎么比较的？

生：水平面上比较。

师：在B这边，低压的数值是不是比（B高空中）高压的数值还大，这不是有矛盾了吗？

生：同一水平面。

师：同一水平面上比较的，是吧？

生：嗯。

师：这种高低压是同一个水平面上比较的。那怎么判断出来B地是受热的？现在给这个图，怎么判断出来？

生：……气流……高压……

师：怎么发现这个变化？

生：……等压面……

师：等压面怎么了？

生：向上。

师：等压面向上凸的就是？

生：受热。

师：那，向下凹的又是？

生：冷却。

师：往上凸的是高气压，往下面凹的是……（板书：凸高凹低）

生：低气压。

师：凸高凹低。判断出来。

师：（幻灯片展示海滨图，青岛白天潮湿，晚上干燥）现在来判断一下，我国青岛，白天感觉空气比较潮湿，晚上感觉比较干爽。（黑板画白天晚上海陆图）

师：说明白天晚上是不一样的，对不对？

66

生：嗯。

师：白天和晚上有什么区别？

生：白天……受热……

师：自己画一下，请一个同学来画一下。一个画白天，一个画晚上。

生：（画图、讨论）

师：请画图同学解释一下，为什么白天这样画？

生：因为沙子的比热比水大，所以白天阳光照下来……沙子比热小。（学生发现前面有误，赶紧纠正）

师：这是海洋，这是陆地。陆地和海洋怎么比较？

生：沙子的比热比水小，所以升温升得快。陆地……

师：也就是说，这边（陆地）温度高，升温快吧，空气……？

生：上升。

师：这边（海洋）升温慢，相对气温……？

生：较低。

师：相对气温低。

生：下降。

师：这样在它（陆地）的高空形成了一个什么？

生：高气压。

师：这边（海洋高空）？

生：低气压。

师：这边（海洋近地面）？

生：高气压。

师：从而，这个风是怎么吹的？

生：从海洋吹向陆地。

师：那么，这个称之为……？（板书：海风）

生：海风。

师：海风。那晚上……？

生：陆风。

师：晚上由陆地吹向海洋的，这个就叫做陆风。它们合起来就叫做……？

生：海陆风。

师：刚才在上课最初的时候，听了一首歌，错在哪个地方？（幻灯片歌

　　词出现)

生：陆风……海风……

师：晚上应该吹什么风？

生：陆风。

师：城市风和这个是类似的。我们把这节课小结一下。地面受热不均的时候，受热将会怎么样？

生：上升。

师：上升。冷却的话呢？

生：下降。

师：一个上升，一个下降，是什么运动？

生：对流运动。

师：对流运动。那如果按照这位同学这样说的话，是垂直方向的运动。垂直运动，在这里（下沉近地面）形成什么气压？

生：高气压。

师：高气压，两侧的高空呢？

生：低气压。

师：在近地面，受热的地方形成什么压？

生：低气压。

师：高空呢？

生：高气压。

师：从而，它们在同一水平面上形成了……？

生：气压差。

师：气压差。由高压流向低压，这就是空气的水平运动。那空气的水平运动和垂直运动就构成了空气的热力环流。

师：对于热力环流，想一下，能量来源于哪里？

生：太阳辐射。

师：那最根本的原因在哪里？

生：受热不均。

师：受热不均，是吧？那受热不均又和什么有关？

生：比热。

师：受热不均，和什么有关？

生：下垫面。

师：下垫面有关。还有呢？

生：纬度。

师：为什么地面冷热不均？谁导致的？

生：海陆位置……太阳辐射……太阳直射点……

师：太阳直射点。有直射的地方获得的太阳辐射能就……？

生：大。

师：多，或者大。那没有直射的地方，就……？

生：少。

师：也就是说有的地方，气温就高，没有的地方气温就低。所以在不同的地面，冷热不均。冷热不均，首先会导致什么运动？

生：垂直运动。

师：大气的垂直运动。然后再导致？

生：水平运动。

师：水平运动也就是风，下节课再讲。过程就很清楚，这是一个分解的。再来回顾一下。（幻灯片展示题目）这样一个题，来判断一下。AB 两点气压，气温比较高的是？

生：A 点。

师：气温低的呢？

生：B 点……A……

师：到底是 A 点还是 B 点？

生：B 点。

师：这样的空气环流怎么画？

生：B 到 D……

师：空气环流怎么画？××来说一下。

生：由 B 到 D。

师：然后呢？

生：D 到 C，C 到 A。

师：请坐。我们来看一下。（幻灯片演示过程）

师：这个地方，气压比较高的，是类似的。气压由高到低的？

生：ABDC。

师：ABDC 啊？现在来看学案上面有几道题目。（学生做题）

师：这里有 4 个热力环流，哪些是对的？

生：……

师：那我们现在来看看我们的学案，学案上有几道题目，同学们先看一下第一题。这里有4种热力环流，哪些是对的，哪些是错的？

（学生思考、做题）

生：①③是错的，②④是对的。

师：××，你来说一下，第一个错在哪里？

生：第一个图应该是海风，由海洋吹向陆地，所以它画反了。

师：因为它反了，所以②是对的，是吧？

生：嗯。

师：那后面呢？

生：第三个是风由郊区吹向城市，所以它也画反了。第二个中间是受热，空气上升，下面形成低气压，上面形成高气压，然后两边是高空形成低气压，近地面是形成低气压，第四个也是对的。

师：好，非常好，请坐下。我们来看一下最后面这道题。这里到底猪八戒写哪一个诉状告状可能会胜诉呢？同学之间可以相互讨论一下。

（学生讨论）

师：我们来看一下，这是一个什么样的地形？

生：山谷。

师：这两个诉状最大的区别在哪里？

生：一个说白天污染忍无可忍，一个说晚上忍无可忍。

师：那么到底是哪一个？

生：白天。

师：我们来看一下，白天山谷跟山顶，谁增温快一点？

生：山顶。

师：山顶增温快，那么空气怎么运动？

生：上升。

师：在山谷的气温低一点，空气下沉？

生：对。

师：这样的话，在同一水平面上是不是存在气压差？

生：是。

师：这里是什么气压？

生：高气压。

师：这边是什么气压？

生：低气压。

师：空气由高压流向低压。在近地面，这里的空气怎么流？

生：由高压流向低压。

师生：也就是由山谷流向山顶。

师：这里有一家污染的企业，是不是把污染物带到这里来了呀？

生：是。

师：所以说在什么时候污染厉害些？

生：白天。

师：白天污染厉害。那么晚上的话，相对比较轻一点，你看，晚上，山谷跟山顶，谁降温快一点？

生：山顶。

师：降温快，那气温是不是低？

生：对。

师：（画出示意图）风是怎么吹的？

生：由山谷吹向山顶。

师：工厂的污染物经过这样扩散后，污染得是不是相对轻一点？

师生：所以应该是选 B 诉状。

师：那我们总结一下这节课主要讲了什么内容？

生：热力环流。

师：对于热力环流，我们首先要知道，受热将会怎么运动？

生：上升。

师：冷却呢？

生：下沉。

师：这样在同一水平面上会产生……？

生：气压差。

师：气流怎么流向的？

生：由高气压流向低气压。

师：这样，就形成大气的水平运动了，而大气的垂直运动和水平运动就构成了热力环流。

师：好，这节课我们就上到这里，请同学们回味一下。还有一点时间，我们再把这首歌听一下吧。

第三节　点评研究发现

学习兴趣的激发，课堂有待开发的富矿

上海市教育科学研究院　胡庆芳

在传统的地理课课堂教学过程中，存在着诸多方面的问题与不足，突出表现为以下一些方面：教师习惯于道理的讲述，不擅长基于现象的设疑和启发，学生学得枯燥；教师着眼于具体的知识，不注重图解知识间的联系及脉络，学生学得零碎；教师关注学习的结果，不重视学习过程的情感与体验，学生学得机械；教师满足于理性的思维，不强调激活感官的形式与方法，学生学得单调。针对上述教学问题，本课例研究小组以激发学生课堂学习兴趣为目标，深入课堂教学的第一线，通过课堂观察，审视学生的学习参与过程及结果，诊断发现导致学生学习兴趣不足的教学原因，经过持续的研究与改进，最后总结形成激发学生课堂学习兴趣的理性认识及实践策略。

三次实践探索课都是选择的人教版《地理》高一年级第二单元第三节的内容：热力环流。本课学习的主要内容包括：热力环流形成的原理、热力环流运动的过程，以及海陆风、山谷风和城市风这三种热力环流的形式。

一、第一次课试教

课堂教学体现的积极探索

1. 教师以电视剧《三国演义》中诸葛亮"火烧葫芦谷"的影像视频导入课堂，并设置了"这及时的大雨是天意还是人为？"的疑问，较好地激发了学生学习的兴趣。

2. 为了说明热力环流的原理，教师运用了课堂实验的方法让学生来观察发现。其中一个实验就是在左边点燃一支蜡烛，在右边燃烧一支松香，让学生观察松香烟雾运动方向的变化情况，并事先设计了可能的三种变化情况（松香烟雾向左偏、松香烟雾向右偏、松香烟雾向上不发生偏向）让学生预测，最后通过观察验证并说明其中道理。

3. 教师在演示热力环流的过程中，运用箭头图示予以呈现，将看不见

的热力环流清楚直观地表示了出来。

4. 在学习海陆风时，教师设计了有趣的任务即"如果想要拍一张海风吹拂长发的照片，应选择在白天拍还是晚上拍？"以此吸引学生对海陆风昼夜风向变化的关注与思考。

问题发现

学生表现出学习的兴趣，但对热力运动的原理还不能用自己的理解来完整表达以及进行灵活的迁移运用。

原因诊断

1. 在进行蜡烛和松香的实验探究环节，教师针对学生把观察到的松香烟雾向燃烧的蜡烛一侧倾斜的现象解释为"热胀冷缩"所致时，没有让学生进一步认识到"蜡烛燃烧时使周围空气受热导致单位体积空气质量变轻而上升故产生低气压，这样在一旁的松香烟雾就从高压区流向低压区"。另外，执教教师还配了一个玻璃箱放电炉、冰块以及上下内壁贴纸片测热力环流的实验，但教师只是口头询问了学生可能产生的热力环流路线图，而并没有继续演示此实验，所以使学生对于热力环流的理解没有真正完整有效地建立起来。

2. 在对因气温变化导致等压面发生弯曲的现象及其规律的认识过程中，教师设计了有创意的测试题来考查学生的理解及掌握水平，但是教师没有针对部分学生产生错误解答的原因进行分析以及对相关知识点之间的内在关系进行点拨。

附：等压面的弯曲及气压、气压高低的判读题

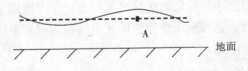

图 2 - 3

反馈分析：部分学生选择了 A > B，是因为他们把图 2 - 3 上的等压面（注：侧面看成了一条线）错误地看成了等温线，这样 A 处的线是凸起，自然误以为是气温升高所致，所以 A > B。对此，如果设计图时能够更立体地反映出等压面的形状，可以减少学生这方面的误读。

另外，也有部分学生把大气想成是封闭空间里的气体，于是错误地套用热胀冷缩的原理来解释，即 A 处气温升高，压力也随着增大，该处等压面

向上凸起，故判定 A > B。对此，教师要强调这里的热力环流是指大气因热力作用产生的环流，气温升高，该处空气密度变小，质量变轻，开始上升，致使该处因空气减少而气压下降。

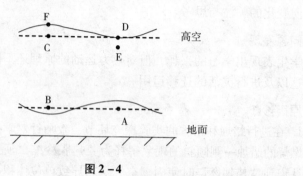

图 2 – 4

反馈分析：学生发生判断错误主要有这样一些原因，会误认为同一高度的气压一定相同，所以出现 A = B，C = D 的判断；还有学生没有真正领会等压面的含义，同样以高度论气压高低，故出现 F > E 的判断。所以教师要帮助学生明确建立这样的认识：因空气密度的关系，气压会随着高度的增加而减小，因此，地面的气压一定高于高空的气压，换言之，高空的高压区也会比地面的低压区气压低。同时，还须认清高气压和低气压都是指同一水平面上的相对气压而言；等压面向上凸起表明气压增大，向下凹陷则表明降低。

3. 课堂原本是以"火烧葫芦谷"的有趣现象导入，随着对热力环流原理的学习，再从热力环流形式之一的山谷风的学习彻底揭开葫芦谷为什么突降大雨的秘密，但是因为时间的把握出现偏差，学习原理之后有关山谷风等内容没有时间继续，这样就未能完整体现出探秘地理现象的趣味学习之旅。

课堂教学改进的建议

1. 运用动画等直观手段清晰解释热力环流产生的原因以及生动再现热力环流的全过程，帮助学生顺利建构热力环流的概念。

2. 优化课堂实验的设计，真实演示热力环流的产生，增强学生通过观察发现知识的能力。

3. 设计有挑战性的问题引导学生思考、讨论和发现，增强学习发现的快乐。

二、第二次课改进

课堂教学发生的积极变化

教师除了采用影视片段激趣置疑、直观实验录像、循环图示勾画之外，还运用动画展示了环流运动过程中空气分子的变化情况，环环相扣地帮助学生认识热力环流，特别是实验录像和动画演示的运用较好促进了学生的理解。

问题发现

教师主动演示和讲解得比较多，没有积极关注学生学习真正的兴趣与困惑疑难，教学的趣味性之外的针对性没有有效体现。

原因诊断

1. 教师在教学策略的优化上主要是致力于如何更加吸引学生的注意和积极参与设计好的活动，而没有真正了解学生对本节课的哪些内容真正感兴趣以及对哪些内容真正想要深入了解。

2. 对于热力环流的学习，更多的是教师在积极采取各种手段让学生更易于理解，而没有让学生去想办法证明热力环流的存在，换言之，学习的发现需要的是教师创造机会与条件让学生主动去经历探索发现的过程，而不是让学生成为发现知识的观众。

3. 在学习的过程中，教师未能充分地利用为课堂教学组织的学习内容，引导学生的思考走得更深远广阔。

例如，在引导学生学习热力环流的环节，教师设计了一道思考题（如下）来引导尝试画出热力环流的循环图。

想一想，空气在图 2 - 5 中 A、B、A₁、B₁ 四个点之间将会做怎样的运动？

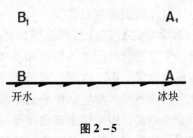

图 2 - 5

教师有意设计了一处放热水，另一处放冰块，但是教师没有让学生在画出热力环流的循环图之后，再仔细思考与这个有意设计紧密相关的派生问题：为什么要放冰块？或者如果不放冰块会怎样？这样的问题能让学生对热力环流了解得更全面和深刻：放冰块，是为了确定热力环流的半径范围，并且也使热力环流进行得更强烈和表现得更明显，以利于观察者可以更清晰地画出这一循环的全过程。如果不放冰块，这种确定而清晰的热力环流图难以就此构建，因为空气在不确定的空间范围里的运行还会受到更多复杂情况的影响。

课堂教学进一步改进的建议

1. 让学生有预学的环节，给予他们质疑问难的机会。

2. 围绕学生真正感兴趣和需要解决的问题组织小组合作学习，让学生体验到发现知识的快乐。

三、第三次课再改进

课堂教学发生的积极变化

教师比较注重让学生学习之后进行及时的检测反馈，力求让学生体验到知识学习之后解决实践问题的快乐。

课堂教学仍然存在的不足

1. 教师以歌曲《军港之夜》的欣赏导入，并准备以有人对这首歌反映的情境有质疑的事实来设计悬疑和激发学生学习的兴趣，但这时已有学生说出了是歌词"海风你轻轻地吹"有问题，但教师没有让这个学生进行解释，错过了对学生学情的真正把握并由此展开有别于课前预案、以学定教的全新教学之旅的机会。

2. 教师整堂课直接讲解太多，没有让学生通过思考反馈对相关知识与原理的认识，然后进行针对性的讲解与点拨。

3. 在当堂课基本内容学习之后进行回顾总结的环节，教师再次代替了学生的思考和认识梳理，学生没有经历主体反思和整理学习所获的过程。

三次课连续改进体现的脉络：第一次课，视频播放形式新颖，实验演示真实可信，但是课堂动态生成不足，学生认识表达不够。第二次课，优化实验演示环节，动画展示分子运动，但是学生被动接受较多，以学定教理念缺失。第三次课，注重知识系统学习，加强及时检测反馈，不过忽略了学生兴趣、疑惑，以学定教仍待落实。

四、形成的共识及结论

通过上述三位教师基于同一教学内容持续不断的改进，针对激发学生课堂学习兴趣的专题，研究小组总结形成了如下方面的共识及基本结论。

（一）激发学生学习兴趣可行的实践策略

1. 摸清学生学习的兴趣疑难。要想激发学生课堂学习的兴趣，就要知道对于本堂课学习的内容，学生的真正兴趣在哪里？学生的疑惑在哪里？否则，课堂上只能是按照教师的兴趣教学，如果同学生的兴趣吻合了，教学的效果就体现出来了，反之，学生被动消极地经历整个教学的过程。这也是本次实践研究过程中已经意识到并且尚需继续努力达成的一个方面。要真正摸清学生学习的兴趣、疑难，可以采取以下的策略，以真正落实以学定教。（1）组织预习先学，摸清疑难、困惑。（2）基于学生学情，确立教学内容。

2. 设计新颖有趣的学习内容。同样的教学内容，因采用不同的教学形式，产生的实际效果也会不一样。要增强当堂课学习的内容对学生的吸引力，可以采用的实践策略如下：（1）借助图影动画，活化学习内容。在本专题的实践探索过程中，三位执教教师都运用了影视《三国演义》中"火烧葫芦谷"的片段，第二位教师还采用了动画模拟演示了热力运动过程中分子的运动情况，很好地激发了学生学习的兴趣。（2）引用经验实例，还原回归生活。比如本专题的第二次实践研究课上执教教师就引入了在海边拍海风吹拂长发的生活实例，激发了学生对海陆风成因的认识。（3）串联所学知识，图示关联脉络。正如本专题的第三次实践研究课执教教师将整堂课的学习内容进行了很好的梳理与串联，从而使学生比较容易地就领会了本堂课知识间的逻辑关系与脉络。（4）多样反馈学得，脑眼手口并用。为了考查学生的理解与掌握情况，执教教师需要提出有挑战性的问题引导学生用脑思考、设计真实的实验吸引学生观察和探究，以及组织灵活多样的形式让学生进行口头汇报和交流分享。

3. 组织探究发现的学习过程。学生学习的快乐，不单单是教师采用多种多样的形式呈现了学习的内容，同时还包括学生通过思考和合作发现了新的知识，从而使得学习的成就感油然而生。教师这方面可以采用的实践策略如下：（1）开展实验探究，促进学习发现。本专题的第一次课和第二次课上执教教师就开展了直接的和间接的实验探究环节的学习，较好地解释了大气中热力环流的存在。（2）设置问题情境，引导思考发现。本专题的三次实践研究课上执教教师都提及了《三国演义》中"火烧葫芦谷"是天意还是人为的问题，很好地吸引了学生对当堂课热力环流知识的学习。

（二）激发学生学习兴趣遵循的原则

激发学生学习的兴趣是一个由来已久的话题，如何能够真正通过激发学生课堂学习的兴趣从而促进课堂教学内涵与质的提升，还有赖于如下两项原则的贯彻与落实。

1. 从简单的迎合转向智慧的挖潜。在课堂上，教师不能仅仅为了学生的兴趣而教学，而是更要基于对当堂课内容的把握去培养学生的兴趣，通过在学习过程中的思考与合作，体验到发现知识的快乐，同时增进智慧的生长。

2. 从感觉的轻松升至精神的愉悦。在课堂上，教师不能仅仅在视觉、听觉、触觉等感官方面下工夫以实现对学生注意和兴趣的吸引，更要通过创造有意义的活动让学生在精神层面体验到充实和满足，并以此持之以恒地为学生一生的成长、发展和成功奠基。

第三章　养成学生语言文化的意识

第一节　倾听设计心语

把语篇本身涉及的内容好好了解清楚

浙江省安吉县安吉高级中学　章璇

作为学习英语又教授英语的我来说一直都觉得要学好英语必须同时了解英语国家的文化，以及不同文化之间的差异。但在日常的教学中教师往往会陷入既想拓展文化背景又有大量知识点需要讲解的矛盾之中，两者取舍难矣。

我觉得现如今增强学生的文化意识很有必要，并且迫在眉睫。其实"增强学生文化意识"这个概念很广，可以从很多方面解读。首先我觉得要让学生了解一个国家的文化之于这个国家的意义，此外还要教导学生承认并尊重每个国家、地区的文化差异性，培养学生自觉领悟文化内涵，接受文化熏陶的习惯与能力。如何培养呢？这就要求教师在日常教学中能恰如其分地、适时地"铺垫"。当然，这就对教师提出了更高的要求：教师首先要有足够的文化底蕴才能言传身教。

人教版的高中英语教材中涵盖了几个主要的 English-speaking countries。我们这次课例研究的上课教材就是基于模块 5 第二单元 "The United Kingdom"。刚拿到这个任务的时候，我粗看了一下这个单元的阅读短文，觉得这篇文章不容易上好，担心内容过于枯燥，引不起学生的兴趣。更别说还要思考从哪里可以向学生展现文化的知识。但经过我们备课组的集体讨论研究，我对这堂课有了初步的思路，准备了以下的教学设计。

为了本次专题实践研究而选择执教的这节课的教学目标在我们备课组里很快达成了共识，即学生学了这一课之后会清晰地描述（大不列颠及北爱尔兰联合王国 the UK，以下简称英国）的地理位置与形成历史，并能给那些有计划到英国出游的人提供建议。在达到增强学生文化意识这一任务时，主要借助图片、影像、音乐和情景对话等形式向学生有意识地铺垫，旨在让他们在潜移默化中接受和感知文化的魅力。

在导入部分，我将这个单元的 Warming-up 作为这节阅读课的导入，我设计得较为直接简单。课前让学生自己去搜集有关英国的相关情况，上课时让学生做 information exchange。为了让学生带着问题去查找资料，我还设置了三个问题：1. How much do you know about the UK? Is that enough? 2. What do you think you should know as an English learner? 3. What else are you interested in? 有了这三个问题，我相信在上课时学生会有足够的信息和大家分享。这一环节的设计其实就已经是让学生自己去搜集体验有关英国的他们感兴趣的文化内容了。通过信息的交换，学生既锻炼了口语，也为这一课的学习奠定了基础。在正式处理课文前我还设计了一个头脑风暴的任务：What aspects do you think of when it comes to a country。这个环节其实是起着承上启下的作用。既总结了学生搜集的信息，又给了他们一个提示：在谈及一个国家或地区时，我们可以从哪些方面入手。这样以后学生在学类似文章时就不会无从下手。

在处理文章的时候我还是按照常态课，设计了 Reading 1. Reading 2. Reading 3. Reading 1 主要是让学生对这篇课文有个大致的了解，它主要讲了英国的几个方面：形成；英格兰和伦敦。通过分析文章结构，学生掌握了这篇文章可以分为三个部分。接下来 Reading 2 就分别处理每个部分。Part 1 主要讲了英国是如何形成的。我设计了一个复述任务，通过地图演示了如何从英格兰（England）到大不列颠（Great Britain）最后到大不列颠及北爱尔兰联合王国（the UK）。这一部分我认为是这篇文章的重点，学生如果把英国的形成过程搞清楚了，那本节课的教学任务也就算完成了一半。此外，我在谈到英国国旗的时候还提到了这样一个问题：为什么在我们的课文中没有出现威尔士的国旗呢？其实这个问题在文中没有准确的答案，我之所以会提这个问题是想引起学生的思考，继而主动地去查找答案。这样其实也是增强学生文化意识的一种体现。在处理第二和第三部分时就相对简单了：在讲到英格兰时只要让学生了解它的地域划分，南部、中部和北部；至于伦敦，学生要了解主要的四次入侵给伦敦带来的文化上的影响。在讲四次入侵的时候可适当拓展，让学生领悟到文化的变迁可以由很多因素导致。最后的 Reading 3 我设计让学生写一段总结。总结这堂课上他们学到的东西，可以写英国的形成，或是英格兰、伦敦。

在最后语言的运用这一环节我创设了这样一个情境。四个学生一组，其中两人是对英国极感兴趣的学生，而另外两人则是主修英语的大学生。由两个大学生向这两个学生介绍一些有关英国的知识，并适时地给出一些指导与建议。这个环节主要是想让学生以本节课知识作为依托，检测他们的听课效果，并逐渐让学生养成重视不同文化的意识。

第一节课上完后，我们研究小组进行了讨论。重点探讨在"增强学生文化意识"这块进行了哪些尝试，是否成功，可以如何改进等问题。我自己感觉这节课上下来，教学任务可以说是完成了，但在增强学生文化意识这一块还是很欠缺的。总的来说教师做的铺垫还不够多，拿袁东辉老师的话说就是冲击力不够，学生还没有收到足够的视觉冲击，他们还不能有意识地自己去留意、观察文化现象，更不能对文化现象进一步思考与总结。我想，在"增强学生文化意识"这条路上，我们还只是刚刚起跑，要想取得较好的成效，教师还要多多动脑，多做尝试。

把反映英国风土人情的视频引入课堂

浙江省安吉县安吉高级中学　沈懿

刚接到备课组的通知说要上一堂培养学生语言文化意识的研究课的时候，我心里感到万般纠结。说实话，粗略地翻阅了 the United Kingdom 中的 reading—puzzles in geography 这篇课文，给我一个大致的感觉就是这篇文章内容枯燥，篇幅又长，而且可能学生根本没有这方面的知识背景，更何况还要学生来反馈，并且这堂课对教师自身的要求也很高，比如说教师要对几个区域或者地理概念有一个很确切的理解，相应地对英国的一些文化背景知识也要有所理解，否则根本不能就某一点引导学生展开讨论，接到这么一个棘手的任务，尤其又是要在全校教师以及专家面前讲授这样一堂课，我实在没多大的把握可以上得出彩，只能尽力而为。

要上课之前必须研究好教材。我仔细地对这篇文章进行推敲，发现要上好这篇文章，其实很符合新课程标准的最高要求，就是在掌握语言技能、语言知识的基础上，培养学生的情感态度和学习策略，以增进学生的文化意识。首先，我们要了解什么是文化意识。英国学者泰勒说过，文化意识就是人们对于文化的一种自觉的能动的认识活动，是人们在学习语言的过程中同时领悟文化的内涵和接受文化的熏陶，并潜移默化地内化为一种追求文化的情感。这句深奥的话，在我的理解下将其归纳为：文化即生活。既然要进行文化的渗透，那么最基本的载体还是国家当中人们的生活。但是要把他国的人的生活浓缩在一堂课40分钟的时间里，并且又不能脱离课本或者漫无目的地延伸拓展，换言之就是为文化渗透而渗透，而又要期望学生能有所反馈，这还真不是个好做的差事。

既然已经明确了教学目标，那么接下来就是要分析教材。在分析教材的过程中第一个拦路虎就不期而遇：学生是否对英格兰，大不列颠，英国这三个地理知识有概念，是否知道这是表示三个不同的地理概念？是不是能把这三个概念很好地和他们在中文中的概念相结合？如果不能弄明白这三个概念，那么接下去的课就如同建立在流沙中的房屋一般没有根基，站不住脚。第二个困难在于，学生是否有相应的背景知识可以做到师生互动，一堂好的课关键不在教师，而在学生，所以一言堂的话绝不能体现学生对这篇课文的理解。所以就这两点，我们预先给了学生一张讲义让他们就这几点对英国进行资料收集，这就为接下去的上课奠定了一定的基础。

在听完了章老师的第一堂课后，我就有了一个明确的概念。其实，这次课题的目的就是在一节普通的教学课上进行更好的文化意识的培养和渗透，只要能在日常的课中培养学生的文化意识，让他们对这个问题谈论自己的看法和见解的课就是一堂好课。所以，在第一堂课后，我们备课组在胡庆芳博士以及学校众多资深教师的带领下，又展开了激烈的讨论。在大家的指导下，我突然想到之前的备课过程中，我在网上找到一个视频，正好是英国和它的4个组成国家的，内容基本与课文重合，为什么我不好好利用这个视频呢？视觉和听觉的双重冲击不也是文化意识渗透的一种手段么？除了这段视频，为什么我不好好地利用一下英国的国歌呢？毕竟这也是一个国家最重要的象征啊！

所以在我的预设中，首先利用英国的国歌（*God Save the Queen*）作为导入，就"Queen"这个词我们就可以介绍英国是一个君主立宪的国家，并且在我整合那段视频的时候，我发现，介绍的组成部分是完全和课文重合的，所以我完全可以借助于这段视频的开头部分，然后再用课文上的内容让学生对着地图去说，这样远远比我单一地让他们在课文中找效果要好得多。第二，视频上对 4 个国家的介绍是对文本材料的补充，正好可以让学生了解除英格兰之外的几个国家的大致的风土人情和人文景观，这其实就是文化意识的培养。第三，课文着重对英格兰和伦敦进行了介绍，视频中正好有这样的内容，那我就可以借用这个展开文本的解读。最后，学生的呈现也是一堂课中最关键的一部分，怎样才能使他们更好地把这些知识连同学生事前收集的信息串联起来呢？我突然想到，如果我们去旅游的时候，导游向游客介绍的时候通常都会介绍这些内容为什么不让学生扮演一个英国的导游带领我们参观英国呢？这样一堂课自始至终都可以围绕这个话题展开了。这样一来，我的备课也基本完成了，接下去的就是上课的展示了。

在课堂上，学生的表现比我最初的预期要好很多，在视频播放之后，可以说每个学生都能辨析清楚这几个概念的区别，并且能够指着地图用自己的语言来复述课文内容。而且就介绍英国而言，发言的学生都能就英国的某一方面进行介绍或者谈论自己的观点，到最后的导游工作，因为时间仓促，我只邀请了一组学生进行汇报展示，但是这组学生很自如地把联合王国（英国）的形成、发展以及风土人情和某个景点用自己的语言介绍给大家。

在这堂课后，我也意识到了存在的一些不足之处，对课文的处理上有些地方节奏太快，学生没有完全准备好我就迫不及待地让他们汇报，这对部分基础较差的学生造成了一定的困扰。介绍有些地方的时候最好能加上图片等加深他们的印象，这样会有更直观的刺激。参加这次的课题研究确实让我获益匪浅，在日常的教学中，进行文化的渗透，其实能更好地增进学生对英语的兴趣，我们不应该把学生仅仅看成一个知识的接受者这么简单，假如教学得法，他们的创造力远远是我们不能企及的。

把语篇中涉及文化的语言点灵活拓展

浙江省安吉县安吉高级中学　黄伟华

刚开始接触到培养学生语言文化意识这个主题的时候，我认为英语课堂中文化意识的培养就是介绍西方文化的知识，所以增强学生文化意识的手段只要在课堂中宣传一些文化背景知识就可以达到目的了。但是作为一名高中英语教师，在现今面临的高考大形势下，课堂教学工作肯定是以应对考试为主的，这就决定了英语课堂的教学不太能够大幅度地去向学生介绍文化方面的知识，这就是矛盾所在。同时，教师本身在西方文化知识层面的局限性也限制了课堂教学过程中的文化传播。因此，起初在课堂设计的准备中我的思绪是一团乱麻，不知道从何处着手。既要展现一堂常态课，顾及学生考试知识能力的培养，又要进行文化知识的教学，增强学生的文化意识，感觉很难。

但是，应该看到对学生文化意识培养的重要性。事实上高考当中也有许多方面涉及文化层面，如阅读中就需要学生有一定的人文素养，完形填空中很多会要求学生具备西方的文化意识。所以，在日常教学中要注意学生文化意识的培养，让学生了解中西方文化的差异，培养学生自觉领悟文化内涵，接受文化熏陶的习惯与能力。那么，如何培养学生这种能力就是教师需要努力的方向。作为高中英语教师，对自身所具备的文化素质要有更高的要求，而在课堂教学中如何培养增强学生的文化意识是教师平时要经常思考的问题。

本次课例研究的上课教材是基于模块 5 第二单元 "The United Kingdom" 的阅读部分。我的任务是进行第三次的开课，其实在上课之前也经历了一点小波折。刚开始定的是三个人上同一个内容，但后来又有改变，让我上后面的文章，然后在讨论的过程中又进行调整，让我仍然上同一个内容，对文化意识的培养作不同的尝试。前面两位教师的上课以及课后的探讨给我提供了非常多的信息，让我对于教材有了更深层次的理解，同时也对在常态课的教学中文化意识的培养有了更多的认识，课堂中并不需要单调地去教授文化知识，可以通过多种手段去教学，比如情境的设置，小组讨论的任务，材料当中的某个文化现象等，都是培养学生文化意识的有效途径。通过一系列的讨论，我深刻地认识到其实文化意识的渲染无处不在。所以，带着这些思考和认识我对于课堂设计进行了一些安排。

在前面两位教师授课的基础上，通过课后的一系列讨论，我清楚地认识到对于课文 "the UK" 的知识内容方面可以结合地理环境、历史以及城市特点等方面引导学生接触英国文化，主要借助于图片、影音资料、情景对话和教材的有效结合向学生呈现文化的魅力，从而达到文化意识培养的目的。

最开始的导入部分，考虑学生对于英国的文化背景可能了解不多，所以就简单地采用了英国的国歌作为切入点，课前让学生欣赏了英国国歌，并借此展开问答，直接进入到本堂课所要学的主题 "the UK"，我特意对英国这个词在英语当中的不同的表达方式对学生进行了询问，让学生在回答中对于英国的地理组成有了初步的了解，其中对于"UK"（the United Kingdom）的全称的表述让学生对英国的组成有了最直观的认识。

然后学生进行信息的分享，此环节主要的目的是让学生交流一些必要的信息，并在信息交流的过程中感受英国的文化知识，渲染文化的魅力所在。在设计过程中我也给了学生一些必要的提示，如提醒学生可以从历史、地理、文化、足球、娱乐等各个方面进行阐述，这样学生就会有的放矢，有东西可讲，应该说学生准备得很充分，交流的信息也非常多，有些甚至是教师也不了解的，我觉得这是文化意识碰撞的一个很好的体现。

接下来主要是课文的处理阶段，在这个阶段，我立足于常态课的教学环节，同时又重点关注了其中一些文化知识现象的处理。教材主要讲了英国的几个方面：形成，英格兰和伦敦。通过分析文章结构，学生掌握了这篇文章可以分为三个部分。Part 1 主要讲了英国是如何形成的。在这个环节我通过地图演示了如何从英格兰（England）到大不列颠（Great Britain）最后到大不列颠及北爱尔兰联合王国（the UK）的系列变化，用最直观的方式给学生呈现了这一变化，通过听读及复述相结合的手段对学生进行了文化意识的培养。这一部分我觉得是这篇文章的重点，学生如果把英国的形成过程搞清楚了，那本节课的教学任务也就算完成了一半了。

然后是一段视频的引进，介绍英国的地理环境及天气，包括首都城市的概况。这段视频对学生来说又是一次文化意识的碰撞，进一步巩固了前面所学的英国的地理环境及组成，同时又了解了更多的信息。在观看结束后让学生及时交流所得，我觉得这也是文化意识增强的有效手段。在学生的交流过程中我有意识地引导学生讲出"the largest country"，从而引出下面英格兰的内容。

在接下来的课文部分，我只是简单处理了课文中关于"England"的信息，但在此基础上我进一步通过一些图片让学生了解英国的人文知识，用简单明了的方式让学生感受英国文化。主要的切入点是英国的足球及球员等。

之后通过一个问题的设计"Where can you go if you want to learn more about British history and culture?"引出了英国历史上的四次侵略，这个内容其实对于学生的文化意识的培养有很多可以挖掘的地方，学生可以想象侵略对于英国文化习俗等各方面的影响，更深入地理解英国现有特色的形成由来，增强文化意识理念，感受文化内涵。然后在学生理解的基础上我设计了一个讨论的任务，让学生结合想象和所学到的关于伦敦的知识，讨论伦敦之所以被选为奥运会主办城市的原因，从而让学生把所感悟的文化理念进一步提炼，化为己有。

在最后语言的运用这一环节我创设了这样一个情境。4个学生一组，其中一人作为一个伦敦的导游，向其他学生介绍英国的人文历史风情。这个环节主要是想让学生以本节课的知识作为依托，检测他们的听课效果，并逐渐让学生养成重视不同文化的意识。学生在完成任务的同时也完成了文化意识的传递和培养。

经过三次课的磨合，我对于课堂教学中学生文化意识的培养有了一定的认识，更深刻地认识到课堂文化意识的培养其实可以非常简单，不需要长篇累牍地去介绍专门的文化，只要抓住某一个点或面就可以展开拓展了。也就是说，文化意识的传递和培养其实无处不在，只要教师做一个有心人，在平时的实践过程中注重自身文化修养的提高，那么肯定也会把文化传授给学生。当然，就这节课本身我觉得还有很多可以改进的地方，如视频材料的处理，后续的任务讨论方面还可以设计得更情景化，还可以展现更多的文化素材给学生。我觉得最大的收获就是我认识到了在常规教学中可以借助多种手段对学生进行文化意识的熏陶，不仅不会影响课程任务，更增添了英语课堂的趣味。

第二节　回放教学全程

第一次课：Puzzles In Geograph 课堂实录

执教教师：浙江省安吉县安吉高级中学　章璇

T：OK, morning, boys and girls. I'm very happy to have a chance to give you a lesson today. I hope you can really learn something from my lesson. OK? Now to know more about you, I will ask you several questions. The first one is: how many years have you been learning English? How many years? ×××, how many years?

S：Ten years I've been learning English.

T：OK, sit down, please. That's a long time, ten years. How about boys?

（指着一男生）Yes, you please. How many years have you been learning English?

S：Six years.

T：OK, six years. I think that's a long time. And how is your English? How is your English? Very good? Just so so?

S：Terrible!（其他学生笑）

T：One boy says it's terrible. It seems that English is difficult for you to learn. Today I will give you a new way. Maybe that's good. That is to get you interested in English and try to learn more about English-speaking countries. OK, do you know about English-speaking countries?（等了几秒）You don't need to stand up, just sit and tell me your...

S：England.

S：Australia.

S：...

T：OK, there are so many English-speaking countries. As English learners, there is one country we must know. Do you know what it is?（一些学生说"the UK"）Yes, the United Kingdom. So please take out the piece of paper（课前给学生的预习任务）. Let's see how much you know about the UK. OK? Now your task is, first, share what you have got with your group members. Then you should choose a reporter to give us a report. Understand?

Ss：Yes.

T：OK, you can start.（然后学生6人小组交流准备的有关英国的信息）

T：OK? Have you finished? If you have finished, return to your seats.
（学生回到自己的座位）

T：OK? Any volunteer?（一女生举手）OK, very good.

S：There are famous rivers in England. River Severn, River Thames...

T：OK, thank you very much.

（全班鼓掌）

T：OK, any others?

S：The UK is England, Ireland, Wales and the Northern Ireland. The Tower of London. For me, I like the detective novel because of this, I think the UK is full of mystery.

T：I also learn a lot from... OK, the last group.

S：The UK is a developed country in European whose capital is London. We know the country flower is rose. The most famous building is the Britain Museum. We know the UK has many different buildings. Every year many students go to the UK for further education.

T：OK, thank you. Sit down, please.

（全班鼓掌）

T：So much for three groups. From other groups, we can know more. I also learn a lot from you. As you see, just now, you have mentioned many aspects about UK. Do you know aspects?（等了十几秒）When we come to or write a short passage about a country, we will cover many aspects.（教师展示幻灯片）aspects means "方面"。Let's have a brainstorming about a country, what aspects can we cover? I will give you an example. What else? Just stand and speak out your answers.

S：Culture, history, education, food and songs, geography, situation (The teacher：Situation, what do you mean? Oh, ... system) famous buildings.

T：OK, I will show you some, we can write a lot of sentences about it, government, location. Just now, your group has mentioned, one country located in European. Understand? Location. (Show history, famous, famous cities and sites, climate) So these are all the aspects of a country we can write a passage about it. So here is a passage, *Puzzles in Geography*. Would you please open your books and read the passage quickly and find out the answers to this question. What aspects does the text cover? Understand? So read the passage quickly and find out the answers.

（学生快速阅读文章）

T：Any ideas? There are six paragraphs. Do they talk about different aspects of the UK? OK? What aspects does the text cover? Any volunteer? So just now we have much of them. We have covered different aspects：location, government, history, system and geography. So what aspect does it cover？××！

S：I think, it talks about the four parts of the UK, and the history of the UK.

T：The history, and how was the UK formed？And how was the UK divided？Sit down please！So how about paragraph 4？What is paragraph 4 talk about？You can look at the first words. Yes, England. So paragraph 4 talks about something about England？

Ss：England.

T：So how about paragraph 5 and 6？What does it talk about？Just speak out your answers. Don't be nervous. How about paragraph 5 and 6？It talks about...

S：The great history in London.

T：In London, so para 5 and 6, thank you！Sit down please！Talk about, something about London. So are you clear about the structure of the passage？Structure, that means how can we divide the passage？Are you clear？Yes, take this with you. How many parts？（指着一女生）You, please.

S：Three parts.

T：Three parts. OK, we divide it into three parts. Part 1？

S：Paragraph 1 to 3, paragraph 4, the third part, paragraph 5 and 6.

T：Very good, sit down please. So this is how the passage divided. Find out the topic sentence for each part, you can discuss with the desk mates.

T：OK, now stop, part 1, what does it talk about？OK, please！

S：For part 3, it talks about the culture importance in London.

T：OK, thank you！Well done！Your answers are much better than mine. Let's see （展示图片）that's my understanding of each paragraph. I think the girl's answers are quite good. So let's come to some detailed information to learn more about the UK. So, let's read paras 1 – 3. that means part 1 and see how the UK was formed.

（教师播放录音，学生跟读）

T：OK, let's stop. Now we see the words and also look at the maps, and at first let's see something about the UK and I will show you every change of

89

the UK, first just look at it, OK? （展示地图） And these maps show you how the UK was formed. So for each map, can you use one sentence to describe. For example, first one, England, that is at first there was only England. What happened next? What happened? If you have the answer, please stand up, you don't need to put up your hands.

S: Wales was linked to it in the thirteen century.

T: In the thirteenth century, Wales. What happened then? After Wales was linked to England, what happened then? After you know Wales, what happened?

S: Next England and Wales were joined to Scotland in the seventeenth century and the name was changed to "Great Britain".

T: How about the early twentieth century? What happened in the early twentieth century?

S: Finally the English government tried in the early twentieth century to form the United Kingdom by getting Ireland connected in the same peaceful way.

T: But did they succeed? Was Ireland connected to the Great Britain?

S: However, the southern part of Ireland was unwilling and broke away to form its own government.

T: So only Northern Ireland was joined with England. This girl, please.

S: Finally the English government tried in the early twentieth century to form the United Kingdom by getting Ireland connected in the same peaceful way.

T: But, did they succeed? Was Ireland connected to Great Britain?

S: The southern part of Ireland was unwilling and broke away to form its own government.

T: So at last only Northern Ireland was connected to Great Britain. Sit down please. So next I want you to retelling how the UK was formed? I will give you some expressions to help you. When you do this retelling, you'd better not refer to your books. I will give you half a minute to prepare for it. （学生准备）

T: OK, now stop. Who wants to be the first one? You can use these expressions to help. Just have a try.

S: First there was only England. Then Wales liked to join it in thirteen century. And then England and Wales joined to Scotland and the name changed to Great Britain. Then the English government tried to form the Ireland into it. But the south Ireland was unwilling to join it. So only the north Ireland joined the English government.

T: So finally we got. . .

S: We got Wales England and North Ireland and England?

T: Scotland.

S: Scotland, yes.

T: Finally they form the UK. Thank you. （鼓掌）Pay attention to the word. In the thirteenth century, Wales was. . . linked to England. （不动声色地纠正学生前面的小错误）Any boys? I want to hear some boys. How about this boy? Can you? Have a try?

（男生站起来）

S: The Wales was linked to. . .

T: Loudly, please.

S: The Wales was linked to England in the 13 century. The Scotland was joined to the England. In the 17 century, the England tried to. . .

T: In the early twentieth century, the Great Britain tried to. . .

S: The Great Britain tried to form the United Kingdom by getting Ireland connected in the same peaceful way. However, the southern part of Ireland was unwilling and broke away to form its own government. Only the Northern Ireland joined the England.

T: OK, thank you. Shall we give him some applauds. So this is how UK was formed. So we can draw some conclusions. The UK consists of. . .

Ss: Great Britain consists of : England, Wales, Northern Ireland, Scotland.

T: OK, now look at some scripts. So finally we got the Union Jack as the flag of UK. I have a question here, why the flag of Wales isn't mentioned? OK see England, Scotland, and Ireland, but not Wales. （手指屏幕）

T: This girl please. Yes. （学生沉默）

T: I'll give you a hint. In paragraph 2, there is a sentence. Line 5. "Now, when people refer to England you find Wales included as well." So from this sentence, you can explain why the flag of Wales is not mentioned. （等待学生回答这个问题）

T：OK, sit down, please. You may think about it more. Who can? OK, you please. （请举手的一名学生回答）

S：I think Wales is part of England, so its national flag is the same to England.

T：OK, maybe. My opinion：Wales is so closely connected to England that we almost forget Wales. Understand? Because Wales is so closely connected to England, in this passage there isn't the flag of Wales mentioned. So much for this part, next let's come to part 2.

T：As you see, England is divided into... （稍作停顿，等学生回答）

Ss：Three parts.

T：So you see how it is divided. （呈现幻灯片，大家一起看如何划分英格兰） This part is... （等待学生一起回答）

Ss：North.

（教师手指不同位置，学生一起回答）

Ss：Midlands, South. （齐看幻灯片）

T：Questions for you. This may be easy for you. （用幻灯片呈现问题） Let's answer these questions together.

Ss：Most population settled in the south. Most of the large industrial cities are in the Midlands and the North.

T：Many cities have famous... This boy, please.

S：Have famous football teams.

T：OK, they have many famous football teams. So you can see, some things are different in different zones of England. Now, let's come to part 3 London. First I want to show you a short video about London. After that you can tell me what you think about London. Let's enjoy. （播放伦敦申奥视频）

T：Because of the time limited, we'll stop here, and after class I can show you the whole part. After you watch the video, do you know the theme of the video.

Ss：About London.

T: Yes, you please.

S: It's about London's Olympics.

T: Which year?

Ss: 2012.

T: Yes, next year. London will be the host the 2012 Olympic Games next year. Next let's look at a question. Why is there so much historical treasure in London? You can find the answer in paragraph 5 or 6. In London, there is much historical treasure, why? （示意一举手的学生回答）

S: I think because in the United Kingdom, there have been four sets of invaders. Different invaders has taken off different cultures.

T: Thank you very much. Because in history England had four invaders. That means four invasions. So just now the girl mentioned. What are the four invaders?

Ss: Romans, Anglo-Saxons, Vikings and Normans.

T: And for each invasions, they left different things. Let's match. What did they leave in England. Just match. Now, how about the Romans?

Ss: They left towns and roads.

T: Anglo-Saxons?

Ss: They left their language and their government.

T: How about Vikings?

Ss: They influenced the vocabulary and place-names of the North of England.

T: Normans?

Ss: They left castles and introduced new words for food.

T: So that's why London became the center of the UK. At last, I want you to write a short summary about this passage. You can refer to the three aspects. Take out this paper. Just write 4 or 5 sentences to summarize this passage. Focus on what you have learnt in this lesson.

（学生在预习学案中写总结，教师走到学生当中，观察完成情况）

T: The summary is for your homework. After class, you should finish it. OK. Class's over. Byebye.

第二次课：Puzzles In Geograph 课堂实录

执教教师：浙江省安吉县安吉高级中学　沈懿

T：Since we have learned English for a very long time, when we mention English-speaking countries, which country's name occurs to you?

Ss：England.

T：OK, England. （板书 England）Anything else?

Ss：America, Canada.

T：OK, good, Canada. The song I just played for you is called God Saved the Queen / King. （板书 God Saved the Queen / King）Can you guess from the name which country does it belong to? Which country?

Ss：England.

T：Some of you say England. Keep it in your mind, is England the name of the whole country? It seems that you do know something about England. Now this time I want to check how much do you know about the country England. Last week I assigned you some homework, to do some research on the country, right? I'd like you to form groups of four to discuss, to share the information with your group mates. What you've got about the country? Be quick, I will give you one minute. After the discussion, I'd like one student to tell us.

（学生小组讨论三分钟）

T：OK, I'd like to see what you've got. Any volunteers? Who'd like to share with us the information you've got? （一男生举手）OK, you please.

S：The biggest city in the United kingdom is London.

T：OK, the biggest city.

S：The most famous university is Oxford University. The longest river is River Thames. I want to share some historical stories about England. We all know that the UK was called an empire in the 19th century. Therefore I want to share some stories which push the UK onto the historical stage. Elizabeth I was a queen, and while she was a queen, Spain and Holland had just gained a great deal of fortune throughout the sea. Elizabeth was a woman with absolute power and ambition beyond imagine. She wanted her country to rule the European world. Countries competing against her all had strong armies, so she had to find out an idea to defeat them. In secret, she allowed the English pirates to attack ships from Spain and Holland（板书 pirate）but officially, she announced to deny them. In this way, the England was able to gather wealth in fact by robbing, while other countries couldn't set up a war with proper reasons. Several centuries later, Newton came. We may recognize him as a giant in science because of his three laws and the discovery of the law of gravity.（板书 Newton）He not only did this but also gave two priceless treasure to the people. The first is using the mathematical way to solve problems and the other is further more important. It's a belief that we are not slaves, we human are not only able to feel but also measure and calculate the whole world. Religion is not the only view of nature.

T：Excellent!

S：We men and women have our own thoughts and can use our own hands to change the world into what we want to. It's really an inspiration coming from England which influenced England and many other European countries. Thanks to this, while other craftsmen were just using their experience dreaming of improvement, a great inventor Watt first realized the importance of science and tried to use mathematical and scientific ways to improve the steam engine.（教师打断学生）

T：OK, very good.（全班鼓掌）Thank you. I'd like to ask what did he tell us. The first person is...

Ss：Elizabeth.

T：The first person is Elizabeth. Is it right? Elizabeth, the queen. Do you know something he told us? Holland. The war between them, right? They all want to rule the world. Rule the world, right? And pirate. Do you know pirate?

Ss：Yes.

T：In the rain of queen Elizabeth. And another one, another person, Newton. Do you know Newton?

Ss：Yes.

T：In your science class, right? Yes, very good job. Any other? Who'd like to have a try? Share with us. （一男生举手）OK, good.

S：In the UK, there is a famous street, Big Street.

T：Big Street.

S：Yes. And there is a famous detective called Homes who lives there. I want to tell something about Sherlock Homes. He is probably the world's most famous detective. But he is not real. He is just a character in a series of books. He is a great detective. He can find the evidence which the police can't notice and get the answers even without many cases. I love his words: when you have eliminated the impossible, whatever remain, however improbably must be the truth. Another person called 007. There is a organization called MI6.

T：MI6.

S：Yes. And there is a spy called 007.

T：OK, good. I've learned something from you. So we know from × × ×, he choose the aspect of history and what? He choose something from history. . .

Ss：Science.

T：And the boy, choose from? Good, literature, right? Literature, 文学, right? Detective, Sherlock Homes. I'd like one girl. Any girls? Would you have a try? Don't be too shy. （一女生举手）OK, good.

S：I want to tell you something about English expansion. English colonial expansion began with the colonization of Newfoundland in 1583. Encouraged by Britain's control of the sea, especially by the rising tide of emigration, British colonists stepped up their expansion to Canada, Australia and New Zealand in the late 18th and the early 19th centuries. By 1900, Britain had built up a big empire on which the sun never set. （板书 The Sun Never Set）It consisted of a vast number of protectorates, colonies, spheres of influence and self-governing dominions. It included 25% of the world's population and sea. That's all, thank you.

T：OK, very good. The empire "The Sun Never Set". Do you know? Yes, the Chinese meaning...

Ss：日不落帝国。

T：日不落帝国。Colonization. Can you guess the meaning? Colonization? OK，殖民主义。OK，it seems that you do know something about the UK. And I'd like you to take the piece of paper out. I've just handed you. This one. （展示学生要完成的填空讲义）Please try your best to fill in the blanks as many as possible. When you find it is too difficult for you，just leave it aside. Are you clear?

Ss：Yes.

T：Two minutes. Be quick.

（学生开始完成填空，教师巡视）

T：If you don't know the answer，just skip.

（学生在做讲义，教师巡视并做辅导）

T：Hurry!

（学生继续做题）

T：Now let's watch a video to see if your answers are right and the missing words I'd like you to find out. I will play the video once only.

（背景音乐响起，关于英国四个部分的英语解说词也响起，学生边听边填空，教师巡视）

T：Do you know the background of the music? We call the background music what? It is played by what kind of musical instrument? Instrument，do you know? 乐器，right? It is played by what kind of...

Ss：Saxophone.

T：It is a traditional instrument in Scotland. Chinese is OK.

Ss：苏格兰风笛。

T：Bagpipe（教师板书），风笛。Exchange your answers with your deskmate. Just to see how much do you get.

（学生互相交换讲义，讨论答案）

T：OK，who got the answers on the second part? Who'd like to have a try? OK，don't be nervous. OK，good!（扬手示意某一学生站起回答）

S：The UK stands for the Great Britain and the Northern Ireland. And it is made up of four countries：Wales，England，Scotland and Northern Ireland.

T：OK, very good, sit down, please. The UK stands for what? The United Kingdom. And it is made up of four countries Wales, England, Scotland and Northern Ireland. So does the three names are the same? Which one is the biggest?

Ss：The England.

T：England is the biggest? Are you sure?

Ss：The UK.

T：Right. （写上 1 在 UK 上）This one is the second. And this one is the third one. So the song I just played for you is the national anthem of the UK, we should pay attention of the UK. Now I'd like you to find out how the four countries formed together in your text book, be quick. How the UK come into being. Tell me which paragraph? Yes, the second paragraph, how the UK come into being? I like some students to tell us to show us. OK, the second paragraph, let's read together. One two start.

（学生齐读段落 2）

T：Union Jack. OK, that's good. I would like one student to help me introduce how the UK came into being? You may start like this：first, there was only England. （S：England.）Yes, who would like to try. Tell me. How the UK came into being? Who'd like to have a try? Any girls? I'd like to hear the voice of our girls.

T：Will you? （问旁边一个学生，学生站起来）Go to the black board. Tell us. Go to the black board. You may use the words. （学生走到讲台）

S：First there was only England.

T：Then what?

S：Then it was linked to Wales.

T：Which part is Wales?

S：Sorry, I don't know.

T：OK. Who is good at geography? Who is good at geography in the class? （一个学生举手，教师示意他站起来，讲台上的学生走下去）OK, good, can you?

S：My English is poor.

T：Never mind. Please go to the black board. Try. Just try. （学生走上台）
Hurry. （学生鞠躬，台下学生笑）

S：At first, there was only England. And then the Wales was linked to England.

T：Good.

S：En. . . then.

T：Then what?

S：And the King James try to form Scotland and Northern Ireland to the kingdom. But, no, no, no, the King James try to form Scotland and Ireland to the kingdom. But the Southern Ireland was unwilling and took away from it. So there was. . . there are England, Wales and Scotland and Northern Ireland in the UK.

T：OK, very good. I think you did a very good job. （教师、学生鼓掌，讲台上学生走下去） Have more confidence in yourself next time.

T：Are you clear about how the UK come into being? Are you clear? First, there was England, then Wales was linked to. Then the king want Scotland and Ireland in the kingdom, but the Southern Ireland was unwilling and break away from the nation. Are you clear? So we know that the second part goes the first, （教师在黑板上写下 2） the second part goes the first, if we'd like to put this in order （指着讲义）, right? The second part goes the first. And then we can put the which part （教师在黑板上画下大括号）, then we can? How can we organize this in order? How can we organize the materials in the paper in order? Do you know in order? 顺序, right? The second one goes the first. We know there are four. . . four what? Countries. So tell me the number. Yeah, number one. . . （教师在黑板上写下 1、2、3、4）

S：England.

T：And then?

S：Wales.

T：Number three?

S：Scotland.

T：Number four?

S：Northern...

T：How about number one and number seven?（教师在黑板上写下 1、7）
They should be together. And the last one, number 5. Good, number 5.

T：So we will deal with the first point, Britain. Can you tell me the first sentence, the Britain. Here all called Britain. Britain lies to... Who can tell me? Will you?

S：Britain lies to...

T：Lies to the...

S：The south of Europe.

T：OK. The south of Europe. But the material, the information we get from the video, it lies to... Ireland.

S：East of Ireland.

T：Yeah, the east of Ireland. Good.

T：And in the north, here, sentence 3, in the north is what?

S：Ireland... Scotland.

T：Yeah, Scotland. So the sentence 3. Tell me. In the north is Scotland with its capital...

S：Edinburgh.

T：Yeah, Edinburgh, right? Edinburgh. And number 4, Wales here, Wales, can you? Tell me, Wales, who can? Who want to have a try? Wales. Wales, will you?

T：Would you please?

S：Wales lies to the west of England.

T：Good, lies to the west of England. Then? Whose capital... do you know Wales's capital?

Ss：Cardiff.

T：Yes, Cardiff. Right? Cardiff. And the next sentence? Everyone there can speak... English.

Ss：English.

T：OK. Continue. Their first language in...?

S：Northern Ireland.

T：Northern Ireland? Are you sure? North... Wales.

S：Wales.

T：Wales, yes, good. In north Wales is Walsh. OK, about Ireland, Ireland, how about Ireland? We know Ireland. Would you please? Ireland.

S：Ireland is divided into two countries. The Northern Ireland with its capital Belfast joined the Great Britain.

T：OK, good. Joined the Great Britain.

S：While the Southern part of Ireland, that is the Republic of Ireland, is a separate country.

T：OK, separate country. But in the video, we heard that the Northern Ireland with its capital Belfast... is what?

T：Is... × × ×, can you?

S：The Northern Ireland with its capital Belfast is part of the United Kingdom.

T：Yes, good! It's the original sentence. It's part of the UK. Also the boy said "joined the UK" is also OK. That's OK. And how about England? How about England? It is more familiar to us. England. Will you? The girl. Tell us.

S：England, the largest country in Britain is in the southeast. Its capital is London, which is also the capital of the UK. It lies on the river Thames and has a population of 7 million. Much of the England is..., I am sorry.

T：OK, who can? Much of the England is what? Can you? Did you got it? OK, × × ×, can you?

S：Much of England is flat.

T：It's flat. Do you know flat? Here, flat, not round, but flat. （平的）

S：Although there are hills in the east and in the center of the country.

T：Yes, very good. Most of the part is flat, but there are still hills. There are still hills. So when we mention in the England, I'd like you to look at your text book to find out England is divided into how many zones? Be quick! In your text book, how many zones are there in England. （等待几秒）, how many?

Ss：Three.

T：Yes, three. Namely, tell me.

S&T：Called the south, mid-England and the north England.

T：Right? And tell me most of the population settled in. . .

S：The south of England.

T：（指着幻灯片）And then, continue! Now, let's read it together. Most of the industrial, one two start.

Ss：Most of the industrial cities. . .

T：Are in? OK, have found the sentence in the text book? In. . . where?

Ss：In the midlands and the North of England.

T：In the midlands and the North, right? And many cities have famous what? Have you found the sentence? Have what? Please tell me, have what? Many cities have famous. . . yes football teams. Right? Can you give me some names? You know. Yeah.

S：Manchester.（曼联）

T：Manchester, right? Any other? Phillips, maybe, but I know Liverpool. Right? Liverpool. And we know there is a famous band comes from Liverpool. Can you tell me? A famous band, come from Liverpool. That famous maybe in the 60s. Beatles.

S：Beatles.

T：Good, Beatles. Right? The Chinese meaning?

Ss：甲壳虫乐队。

T：It is very famous. Then we know the capital of England is. . . ? The capital of England is what?

S：London.

T：I want you to find out why is there so much historical treasure in London. Just find out. What?

（教师巡视教室）

T：Why is there so much treasure? Do you know treasure?（走回讲台边）

S：财富。

T：Something precious, right? Treasure.（走到教室中间，学生在文中寻找答案）OK, who can tell me, why? Have you found your answers?

102

Because what? Maybe it is a little difficult for you. But it's in paragraph... （停顿）it's in paragraph... （停顿）

Ss：Five.

T：Yes, five. So tell from the paragraph, we know there are all together four what?

Ss：Invasions.

T：Yes, invasions. So the invasions, invaders, left us, left Britain some historical treasures. OK, since we have learnt something about the UK, England and Great Britain, this time, suppose you are a guide, who is touring a group of senior high school students around the UK. And the students want you to introduce something to them. And I'd like you to form a group of four to discuss what things you can talk to the students. You can choose anything you like and the materials you collected last week can also help you. Are you clear?

Ss：Yeah.

T：OK, be quick, 4 students. （走到学生当中）The reporters should write down the keys.

（学生讨论）

T：Anything that you'd like to introduce to us. （参与到学生讨论中，提供帮助）OK, who'd like to have a try. Anything, such as the famous places, or a country. Anything is OK. Who'd like to have a try? Who can? Or the formation of the country, of the UK. Will you? （示意一学生回答）

S：I'd like to introduce the history of the UK. You know, there is 30 dynasties. Now, it's the house of England. The queen of the UK is Elizabeth the second.

T：That's all? OK, sit down please. It seems that we are all interested in history, in the history of England, right? If you are really interested, I'd like you to do some research. Tell me the history in, or of the princess, the emperors or the famous buildings that is connected to them. Are you clear? After class. OK, that's all for today's lesson.

第三次课：Puzzles In Geograph 课堂实录

执教教师：浙江省安吉县安吉高级中学　黄伟华

T：Good morning, everyone!

Ss：Good morning, teacher!

T：Sit down, please.

Ss：Thank you!

T：Nice to see you today!

Ss：Nice to see you, too.

T：OK, just now we enjoyed a song and do you know the name?

Ss：No.

T：No, you do not know. OK, I'll tell you. The name is *God Save the Queen.* And do you know what's it from? （指着一男生） Do you know?

S：Sorry.

T：Never mind. It doesn't matter. You know it is the national anthem of "England". （幻灯片展示） You know national anthem?

Ss：国歌。

T：Yes, very good. So it is the national anthem of England. （指着幻灯片） Here I use a quotation mark. There are different names for England, right?

Ss：Yes.

T：Yes or no?

Ss：Yes.

T：Not only England, but also we can say... （指着一女生） You, please.

S：The United Kingdom.

T：OK, the United Kingdom. （板书 England, the United Kingdom） Good, thank you. What else? What else can you call England?

S：British.

T：Great Britain. （板书） I have some puzzles. Why are there so many names for England? Are they the same? Are they the same?

Ss：No.

T：Yes or no?

S：No.

T：So which one is the biggest?

Ss：England.

T：（指着黑板上的三个名称）Which one is the biggest?

Ss：The UK.

T：OK, the UK. I want to test you：what's the full name of the UK? Who knows? Who knows? （一男生举手）Yes，please.

S：The United Kingdom.

T：The full name. The full name. （男生不知道）

S：Can I use Chinese?

T：No，no，no. Of course not.

S：Sorry.

T：OK, it doesn't matter. Who can? Full name. The United Kingdom is not enough. Who knows? （一女生举手）Yes，please.

S：The United Kingdom of Great Britain and Northern Ireland.

T：Yes or no?

Ss：Yes.

T：Yes. Excellent，excellent. OK，the full name is the United Kingdom of Great Britain and Northern Ireland. （在幻灯片上展示出来）So I think we have more knowledge about the UK. So today we are going to learn more about the UK. Now first I'd like you to share your knowledge：how much do you know about the UK? （幻灯片展示问题）Did you prepare for it?

Ss：Yes.

T：OK，who'd like to be the first one to say something about the UK? Maybe you can choose one or two aspects. （幻灯片展示多个关于一个国家的不同方面）Maybe you can say something about geography，history，culture，and places of interest and something else，football，weather，anything you like. You can choose one to say. （一男生举手）OK，you please.

S：The United Kingdom lies in the west of the Europe.

T：Yes. It lies in Europe. Who else wants to say？（指着一女生）You, please.

S：I know something about the rivers in the UK, just like River Thames and River Severn.

T：The river, River Thames and River Severn. OK, thank you. Who else, who else want to say something？（一男生举手）OK, please.

S：England is a monarchy country. People use lawyers, so the queen doesn't have the real power.

T：Excellent, it's a monarchy country. Do you know monarchy？What is it？（写在黑板上）Yes, 君主立宪。So England has its king or queen？

Ss：Queen.

T：Yes, very good. What else？（学生沉默）OK, would you like to learn more about the UK？

Ss：Yes.

T：OK, so now listen to a short passage and I want you to know more.（播放课文第一部分录音）

T：OK. Now, after listening to the short passage, could you tell me how the UK came into being？Did it exist at first？

Ss：No.

T：Yes or no？

Ss：No.

T：So at first, we just have what？

Ss：England.

T：England. But not only England, we have England and...

Ss & T：Wales.

T：You know why？You know why？（请一学生）So, the text tell us what？

S：Wales was linked to it in thirteenth century.

T：So, just, Wales is just part of England. Then, later, what happen？OK, you please.

S：England and Wales were joined to Scotland in the seventeenth century and the name was changed to "Great Britain".

T：Mm... the Great Britain came out. The Great Britain came out. Then, what happen? OK, That girl. Would you tell us?

S：Then the southern Ireland joined with England, Wales and Scotland to become the United Kingdom.

T：Southern, and... Southern or Northern?

Ss：Northern.

T：The Northern Ireland joined the England. OK, the Great Britain. And formed what? Formed what? The United Kingdom. OK, so I just show you some pictures here, and, the whole process. Now, I want you to re-tell something. Use the words here. （指着幻灯片上的表达）Now, you have one minute to prepare for it.

（学生准备）

T：OK. Guys, now, stop here. Who want to be the first one to tell something about how the UK came into being? Who'd like to be the first one? OK.

（一男生主动站起）

S：First, the Wales was linked to the England. Then, in 17th century, Wales and England were joined into, were joined to the Scotland. Then, the North Ireland with the Scotland.

T：Scotland.

S：Scotland.

T：Scotland.

S：Scotland, Wales and England to became, to form the United King-dom. And a new flag called the Union Jack came into being last.

T：OK, good. How about this pattern：was unwilling to.

Ss&T：the south Ireland was unwilling to join the Great Britain. Right?

T：（指着一男生）OK, this boy, try again.

S：The English government tried to form the United Kingdom. But the South-ern Ireland were unwilling and broke away to form its own govern-ment. Only the Northern Ireland joined the United Kingdom.

T：Yes, did he do a good job?

Ss：Yes.

（师生鼓掌）

T: Thank so much. Do you want to learn more about the UK?

Ss: Yes.

T: So, this time I want you to learn more? Let's watch a short video.

（师生共同欣赏关于英国的视频）

T: So, what does the video tell us?

Ss: The four countries, Wales, Scotland, geography...

T: The four countries, Wales, geography... The UK is made up of four countries, England, Wales, Scotland and the Northern Ireland.

（教师指着屏幕上的 geography, language, capital, population, the largest country...）

T: Shall we watch the video again? Yes or no? Watch again?

S: No.

T: Yes or no?

S: No.

T: Shall we watch the video again? Oh, can you say something right now? OK, give me, give me a...

T: Yes or no? Can you say something?

Ss: Yes.

T: Yes, OK. It's so good. OK, who, who can be the first one to say something? OK, this is boy?

S: Wales... The Scotland... the England.

T: OK, very good, you got a lot of information from the video. What else? Can you add something? OK?

S: The capital of Wales is Cardiff.

T: Cardiff.

S: And the capital of England is London. London is also the capital of the United Kingdom. And the Northern Ireland is Belfast. The capital of Scotland is Edinburgh.

T: Edinburgh, Edinburgh. OK, never mind.

S: Edin... Edinburgh.

T: The capital of Scotland is Edinburgh. OK, thank you. Thank you so much. OK, you did a good job, now where is the largest country?

Ss：England.

T：The England. What do you know about England? What do you know about England? It is the largest country as you know.

S：The capital is London. It has the largest population – 17 million.

T：Seventeen or seventy.

Ss：Seventeen.

T：Not billion. Right? Billion, I think it is larger. OK, thank you. So I'd like to show you more about the England. Now just listen to the audio.

（师生共听音频，学生看课本）

T：OK, let's turn to page 3. It tells us the England is divided into 3 zones. OK, who can tell me what are they? OK, who? OK?

S：The south, the north, the midland.

T：Thank you. The North, the midland and the south. You may see from the map. It is divided into 3 zones. Who can tell us more about the zones?

T：OK, who can? Who can? OK, this girl? Would you please?

S：Most population settled in the south, most of the large industrial cities are in the midland. Many cities have famous football team.

T：Football team, OK, do you like football? No? OK sit down, please. OK, this boy, do you like football? What football team do you know?

S：（站起回答）Manchester.

T：Manchester, OK, what else?

S：（回答不出）

T：Sit down. What about other football teams? Boys, I think you are interested. The Liverpool? You know? The Arsenal? The Chelsea? The Liverpool, you know, the Arsenal you know, the Chelsea, yes a lot of football teams. But you are good at study, but maybe are less interested in sports. （指着屏幕图片）This is the Manchester United MAN LIAN, and this is the Liverpool, team of Liverpool, and I think you know this guy, who is he?

S：David Beckham.

T：Yes, David Beckham. Very good. So you need to expand your knowledge about England and about something else. What else? I will show you some pictures to help you to know more about England. See （展示图片）

Ss：Elizabeth.

Ss：Big Ben.

T：（图片）You know. Also the typical building of London. The London tower bridge. 伦敦塔桥，it is famous. So I hope I wish these pictures will help you know more about England. And just now we say the England is divided into three zones, and we know more about England，so I have a question：Where can you go if you want to learn more about British history and culture?

（叫一个学生）

S：You have to go to older but smaller towns built by the Romans.

T：Built by the Romans. OK. Good. Go to older but smaller towns built by Romans. You know the Romans?

S：Luo Ma.

T：What? OK, what's the relationship between the Romans and the British. What happened between them? Why if you want to learn more about British history and culture you have to go to older but smaller towns built by Romans? Not by the British? Do you know? You know why?

Many boy students shake heads，never mind，listen to the foreign passage and I think you will get the answers. （教师放录音）So do you know what happened between the Romans and the British? What happened?

S：The Normans or the Romans rules the place built by the Romans.

T：So the Romans and the British，you can use one word the Romans once ruled or we say invaded the British. Or the Britain. OK. So actually in history how many invaders have invaded England?

S：Four.

T：Yes，four. Who are they?

S：The Romans, the Anglo-Saxons，the Vikings，and the Normans.

T：And what did they leave? Did they have great influences on England?

S：Yes.

T：Yes，of course. So what did they leave? Here just match it.

T：An easy task. （教师在讲台上，找学生回答）

Meixu（找学生回答）

S：Town and road.

T：Yes, and Anglo-Saxons.

S：Language and government.

T：Yes. Vikings.

S：Influence the vocabulary and place-names of the north of England.

T：En, and Normans?

S：Castles and new words for food.

T：Yes. Good. Read after me, castle.

S：Castle.

T：OK, so among this, which country do you think has the smallest influence? Which invader has the smallest influence?

S：The Normans.

T：Normans. Yeah, Normans, are you sure?

S：Yes.

T：I don't agree with you. OK, what about × × ×?

S：It's Norman.

T：It's Norman. Why?

S：Roman.

T：Roman or Norman?

S：Because everyone can built towns and roads, but the others leave the British many influences.

T：Towns and roads? But we still can see the towns and roads today built by the romans. And attractive the visitors. do you think that is has the smallest influence?

S：For example, some country...

T：But in my mind, OK.

S：I think Roman had made the smallest influence on the United Kingdom. Because, Roman once built the oldest towns and roads, we can learn more about England history from the towns and roads, so I think it made the smallest influence in England.

T：OK, thank you. Excellent. Ah, so in my mind, I think the Vikings has the smallest influence, why, just influence the vocabulary but they didn't change and create words. They just influence the vocabulary and place-names of the north of England. OK, so maybe after class we can talk more about it. And now, class, we know these things, the invaders influence London, the England so much, and made London the treasure of England, so, do you know what happened next year? What will happen next year?

S: Olympics.

T: The Olympics, the 30th Olympics will be held in London, so, I want you to have a short discussion with your partners, now, four students a group, and tell if you are the chairman of the Olympics country, give your reasons for choosing London. OK.

S: Discussing.

T: You should choose a reporter.

T: Give your reasons, you are the chairman, and you choose...

（学生小组讨论，教师巡视并提供帮助）

T: OK, class. Let's stop here. Turn back to me. Look at the blackboard. Which group wants to go first? Just say something. Which group wants to go first? OK, you please. （示意一学生回答）

S: We have some reasons. First London has the most beautiful scenery with a long history. And the economy is in a high level.

T: Economy. What else? OK, the scenery, the economy. OK, very good. What else? Which group? Just follow. Your group? （叫另一组回答）

S: As the capital of the UK, London is the centre of the UK. There are advanced science and technology, so it is able to hold the Olympic Games.

T: Still the economy, the center of the UK. What else? You can say something else according to what we have learnt. （示意一举手学生回答）

S: In addition, it has held the Olympic Games two times successfully, so it can do better.

T: Oh, it has the experience. Right?

Ss: Yes.

T：Yes，it has the experience. What else?

S：The United kingdom is devoted to make itself peaceful like China.

T：What else? Maybe you can connect or refer to what we have learnt in the reading text. What else? You know only the scenery，only the economy? What else? OK, you please. （示意举手学生回答）

S：Because of the environment. We know the environment in London is awful. If we choose London to hold the 30th Olympic Games，in order to make the Olympics wonderful，the local government must improve their environment.

T：Yeah，excellent. So excellent. The environment. OK，next group，your group. OK，the last student. （示意学生回答）

S：Because London is the capital of the UK. And it is one of the largest cities in the UK. And it has the largest population.

T：En. Thank you. Thank you so much. So there are many beautiful sceneries，economy，the center of the UK，the good environment and so on. So you choose London as the host of the Olympic Games. Now，have you ever been to London?

Ss：No.

T：Oh，maybe not. But if you are a guide，who is touring a group of senior high school students around the UK. We are just in an imaginary scene. Then what would you like to introduce? What would you like to introduce? OK，maybe further discussion with your group members. Further discussion with your group members. And show the students around the beautiful London. OK? OK，further discussion，then this time you should be the guide. Maybe you can make up a dialogue or just a brief introduction. You know? You can introduce just by yourself or maybe you can have a dialogue. One is the guide and one is the visitor. That's OK. It doesn't matter. Are you clear? OK，So，yes. （示意学生开始讨论）

T：OK，which group wants to be the first? Er. As for time limits，I think maybe we can have one to show us around London. OK，which group? You have only one chance. OK，be quick. Show us around London. Your group? Yes，yes.

S：Hello，everyone. I'm very glad to show you around the UK. First，oh，no，time will end...

T：Could you go to the platform?（邀请学生站上讲台）

（学生走向讲台）

T：Thank you. Don't be nervous.

S：Hello，everyone. I'm very glad to show you around the UK. First I want to introduce the name of the UK. As we know it is also called England，Great Britain. The name of the UK is because of its history. As time will end，I have no time to tell you...（学生笑）So if you are really interested in the UK，you can ask me after class.（学生笑并鼓掌）

T：As the time limits，you can write it down，write you introduction of the UK of the United Kingdom of England down after class. That's maybe the assignment the homework today. Now，ok，class is over.

S：Stand up.（学生起立）

T：Goodbye，class.

S：Goodbye，teacher.

第三节　点评研究发现

文化意识的培养，语言教学本真的回归

上海市教育科学研究院　胡庆芳

语言是文化的载体，文化是语言的灵魂。在传统英语课的教学过程中，语言与文化相脱离的情况还比较普遍，突出地表现在以下几个方面：注重对单词词典意义的识记，淡化对其蕴涵的情感色彩的认知；满足对句型熟练程度的应用，忽略对其流露的文化心理的分析；停留对语篇词句内容的理解，疏于与此相关的文化知识的渗透；偏向对语法规则灵活的运用，弱化对此产生的语用失误的纠正。本研究小组采用行动研究的方法，探索实行培养学生语言文化意识的教学实践，总结行之有效的实践策略，同时，反思促进学生

综合语言运用能力内涵的全面理解，树立彰显语言文化精髓的教学范例。

三次实践探索课都是选择的人教版《英语》高一年级第二单元 The United Kingdom 中的 Puzzles In Geography 新语篇。本语篇主要讲述的是联合王国在地理方面的复杂问题，其中追溯了大不列颠及北爱尔兰联合王国的形成过程、英格兰的三个组成部分以及历史上四次入侵对这个国家产生的影响。

一、第一次课试教

课堂教学表现出的积极探索

1. 教师课前让学生就对英国感兴趣的话题进行了相关信息的收集，并在课堂的一开始就组织开展了信息分享活动，很多都直接涉及这个国家的文化内容。

例如，学生交流的信息包括 their national anthem is *God Save The Queen*, their national flower is rose, the prime minister is David Camelon, the prince William married Kate this year, there are three famous rivers, they are River Severn, River Thames and River Trent.

2. 对于语篇内容中有关联合王国的形成、英格兰的三个组成部分，以及历史上四次入侵造成的影响等，教师组织了让学生在学习的基础上进行复述的活动，加深了学生对联合王国历史的了解。

问题发现

课堂上对学生语言文化意识的培养没有得到明显体现。

原因诊断

1. 课堂的导入环节持续 3 分钟，教师主要是以询问学生学习英语几年等问题与学生进行简单的交流，没有涉及文化的话题。

2. 在随后 35 分钟的语篇学习环节，教师主要由以下三个问题即 How did the U K come into being? Which three zone was England divided into? What were the influences of the Four invasions in the history? 展开对语篇的学习，基本上是局限于文本的学习，没有拓展。

3. 在语篇学习过程中插入了一段有关申办 2012 年伦敦奥运会的视频宣传片，但是没有鲜明地突出有关英国文化的主题。

4. 课堂最后的两分钟主要是针对语篇三部分内容的总结回顾。

课堂教学进行改进的建议

i. 结合语篇的学习，恰到好处地设计语言文化的拓展。例如，就英国足球联队的拓展、就伦敦之所以称之为"雾都"的拓展、就罗马深深影响语言的拓展（如，Do in Rome as the Romans do）、就苏格兰风情（如方格裙kilt、风笛 bagpipe）的拓展，等等。

2. 在课堂学习过程中演示密切反映英国特色的内容，如，国歌（*God save the Queen*）、英国国旗图片、皇室成员照片、英国城堡、伦敦塔，等等，营造浓郁的英国风情。

3. 设计鲜活的任务再现英国文化，如，让学生扮演一个导游来介绍英国形成的历史经过，或让学生以一个留学生的身份向国内的同学介绍英国历史上遭遇的四次入侵及其影响。

二、第二次课改进

课堂教学发生的积极变化

1. 教师在让学生就课前收集到的信息进行交流分享之后，新增了一段反映英国历史与地理的视频材料，音画并茂，其中还涉及课本没有提及的有关威尔士和爱尔兰的首府等细节信息以及英国的气候等，很好地丰富了学生对英国的了解，为新语篇的学习做了比较好的铺垫。

2. 教师开始意义上地在学习文本内容的过程中加入了文化拓展的内容，例如，讲到课本中有关英格兰许多的城市都有自己的球队时，就专门提到曼彻斯特和利物浦，在讲到苏格兰时还提到当地传统的民族乐器风笛（bagpipe）。

3. 在学习课本中有关英国的形成历史的环节，教师还以关键词的形式理了一下几个重要的阶段，如最初只是英格兰，后来威尔士加入，再到13世纪并入苏格兰成为大不列颠，后来到20世纪早期纳入北爱尔兰最终成为现在的联合王国。

问题发现

基于文本的文化拓展不够丰富和鲜活，新增文化材料对学生的影响还不充分，盘活英语文化知识的任务没有完成。

原因诊断

1. 本次课上教师基于文本进行拓展的尝试只有两处，一处是英国足球队，一处是苏格兰风笛，这两处的拓展本身不生动，前处只是提及曼彻斯特和利物浦有自己的足球队，没有顺便让学生说出是哪两支足球队，也没有就此呈现相关图片，后一处的苏格兰风笛也是同样的情况，有的学生经教师提及后还不知道风笛是一件什么样的乐器，以至于英国文化的魅力没有恰当体现。

2. 新增视频材料在使用之前是让学生完成与之相关的填空作业单，听了之后接着再去校正，很大程度上影响了视频材料传递的综合文化信息对学生产生的积极效果，因为学生此时更多的是去关注作业单上要求完成的空白。

3. 课堂最后设计的让学生扮演一个导游的角色向来访英国的一个高中生夏令营团队介绍英国的历史与文化的活动，因为前面环节时间处理不合理，没有让学生得到全面整合所学内容的机会。

课堂教学继续改进的方向

1. 可以尝试以反映鲜明英国文化的国歌（*God Save the Queen*）导入新课，激发学生对于英国话题学习的兴趣。

2. 继续沿用上次课新增进来的视频材料，以教师与学生的面对面的互动交流置换原来的纸笔练习单，让学生加大对视频内容本身的关注。

3. 在语篇学习过程中进一步提高语言文化的意识，适当扩大基于语篇学习的文化拓展。

4. 最后仍然可以让学生以导游的角色来介绍英国形成的历史，英格兰的地理风情以及伦敦的特色，从而全面盘活当堂课学到的历史地理知识。

三、第三次课提高

课堂教学发生的进一步积极变化

1. 教师在课堂教学的多个环节设计了文化渲染和拓展的内容，丰富了学生英语文化的知识。

例如，课堂导入就是以英国国歌（*God Save the Queen*）开始，在讲到英国多个城市有自己足球队时还用图片展示了曼联（Manchester United Football Team）、利物浦联队（Liverpool United）以及阿森纳（Arsenal）英超球星大卫·贝克汉姆。在讲到伦敦时还呈现了英国伊莉莎白二世的图片以及伦敦塔、白金汉宫等图片。

2. 在文本学习的过程中设计了比较具有开放性的问题，引发了学生的思考，增加了学生对相关文化影响的认识。

例如，在学到英国历史上遭受的四次入侵时，教师有意识地让学生思考"Which invasion had the smallest influence?"引发了学生对几次入侵遗留下来的遗址以及影响的比较和重新审视。

3. 在文化知识综合运用的环节，教师设计了两次活动，一次是作为伦敦申奥委员会主席陈述伦敦申办 2012 年奥运会的理由，就让学生有意识地去整合课本内容以及新增的有关的英国介绍的视频的内容；另一次是以导游的身份来介绍英国，也是试图让学生将整堂课学习到的内容灵活变为自己的理解重新表达出来，从而再一次体验有关英国文化的内容。

例如，学生在伦敦申奥环节自由表达的课堂片段。

S：We have the following reasons. First London has the most beautiful scenery with a long history. Second, as the capital of the UK, London is the centre of the UK. Third, there are advanced science and technology, so it is able to hold the Olympic Games. In addition, it has held the Olympic Games two times successfully, so it can do better.

T：Oh, that is, it has the experience. For these reasons, you choose London as the host of the 30th Olympic Games.

课堂教学继续优化可能的方向

1. 把有关伦敦申奥和做英国导游这两个涉及英国文化内容的活动安排在同时进行，先分组进行讨论交流，然后进行全班的分享。

2. 仔细审视文本，在恰当的知识点上合理渗透文化的内容，以丰富学生有关文化的意识。如，课本讲诺曼底人入侵古英国时留下了许多食物名称的词，教师可以顺便做一些提示，如 beef，pork，mutton 等，还可以顺便拓展至刀叉的正确使用等礼仪方面的内容，适可而止，都是对学生很好的目标语言国家文化的熏陶。

四、研究形成的共识及结论

在基于"增强学生语言文化意识的课堂实践策略"的研究过程中，研究小组通过观察和评判执教教师在实践探索过程中尝试的种种策略的实效性，由此总结提炼形成了以下七方面增强学生语言文化意识的共识及结论。

1. 在语言教学中让学生接触异域文化。在进行语言文化氛围的渲染方面，教师可以采用目标语言的歌曲、反映异域文化风情的图片，以及体现语言民族生活情景的视频，从而让学生置身于异域文化的环境与氛围之中，接受异域文化的洗礼。就像本次实践探索的第二节课中引入的反映英伦三岛地域文化的视频，以及第三次实践探索课中英国国歌的欣赏一样。

2. 在词意拓展中让学生体会情感色彩。在教学生学习某些新词汇的过程中，要注意拓展至其除词典意义之外的富有感情色彩的派生意义。如，在英语中，形容构成的危险和阻挠时往往比喻成 a lion in the way；形容工作勤劳往往是说 work as hard as a horse；形容没有实际价值而又消耗不小时往往是说 a white elephant，等等。这些都与汉语言文化有明显区别。

3. 在词源追溯中让学生了解历史背景。在教学生学习某些新词汇的过程中，要注意拓展至其历史由来，从而丰富对目标词汇的了解。比如在讲到 chairperson 时就可以追溯到 21 世纪 60 年代的欧美兴起的人权运动，人们追求男女平等，力争消除性别歧视，因而在 chairman 和 chairwoman 之后又出现了 chairperson，另外还有与 history 相对应的新词 herstory 也是同出一辙的历史背景。

4. 在互动交往中让学生尊重礼仪禁忌。要培养学生的语言文化意识，就要在学生学习语言的过程中，使其了解语言国家的礼仪和禁忌，从而恰当得体地运用习得的语言知识表情达意。比如在社会交际中，应当愉快接受对方的赞美和表扬而不是谦虚地回绝而使对方难堪；应当避免询问对方的隐私（诸如年龄、收入、婚事等）而尽可能从天气的话题开始寒暄，等等。

5. 在语言表达中让学生注意民族习惯。一个国家的语言是这个国家的民族在社会生活等诸多方面的折射，里面饱含着诸多特有的和习惯的表达方式，因此，在语言运用的过程中，教师要注意符合民族习惯的表达方式，地道地表达真情实感。比如，在打电话时，打电话的人首先应当介绍自己再表明想找谁接电话，而接电话时往往是介绍自己（确认本机号码等）而不是直接询问对方找谁，等等。

6. 在语言交流中让学生懂得肢体表达。在语言教学过程中，不但要帮助学生准确得体用目标语言进行表达，还要注意让学生懂得日常肢体语言的意义，从而灵活地进行表情达意。比如，右手食指和中指竖起形成 V 字形同时掌心向外表示的是"祝成功"或"顺利"之意，而手势做反了则表达的是非常粗鲁的脏话，等等。

7. 在情境表演中让学生感受文化魅力。在语言教学的过程中，教师要注意恰当组织一些角色扮演的活动，让学生在轻松快乐的活动过程中体验异域文化的风情与魅力。比如本次实践探索的第三次课上教师就让学生扮演导游的角色向旅游团介绍英国的风土人情；另外，在讲到圣诞节、万圣节等英美国家的一些传统节日时，为了增强学生的文化体验，教师也可以让学生入情入境地进行表演。

第四章　二次建构课堂教学的内容

第一节　倾听设计心语

让学习的内容丰富起来

浙江省安吉县安吉高级中学　周玲玲

对于这节课的设计首先还是考虑到我们研究的主题，所以在构思之前一直在思考两个问题：一是怎么去组织教学内容；二是怎么激发学生的思维。在第一个问题的思考过程中我遇到了几个问题。

1. 这节课的内容其实并不难，如果让学生自己看也是能够看懂的，那么怎么让学生进行深层次的思考。

2. 这节课在教学内容上看，容量比较大，那么怎么在有限的时间里让学生学到重要的知识点并让他们有更深刻的认识呢？

3. 如何激发他们的思维。现今学生习惯于教师的讲授，已经在潜意识中疲于思考，那么怎么在课堂中让学生动起来，能够跟上教师的思路甚至超越教师的思维。

带着这几个问题，我努力寻找解决办法，初步设想是先找与本课知识点相关的素材，对于如何激发学生思维我最终确定还是通过学生感兴趣的素材来吸引他们，并引发他们的思考，同时充实课本内容，力求通过课外的补充增加难度，引发思考，从而达到我们要的效果。

一、素材分析
1. 导入素材的选取
《幸福在哪里》

对于这个材料的选取，确实也考虑过歌曲是否太老，但我从另一个角度思考了，觉得正是因为现在的年轻人听多了流行歌曲，偶尔听听美声是否会感到新鲜，于是在考虑了它在导入时能够更加快速地引入正题这个方面，我选择它作导入。

2. 不同时代的劳动者

选取不同时代的劳动者主要是因为在国庆这一背景下，想通过不同时代的劳动者折射出六十多年来的变化，更重要的是劳动者身上的精神随着时代的变迁并没有改变，我希望通过对比引发学生的思考。同时鉴于学生是90后，他们的生活状态和以前大有不同，希望他们能够从前一辈劳动者身上学习到他们的精神。

3. 关于小张的案例

这个案例是希望通过一个例子将整节课的知识点串联得更加自然，而且通过对案例的分析也能引发学生的思考，激发学生思维。但是由于小张是虚拟的，所以学生的认同感不高。

4. 全球就业论坛关于就业的意义

这句话很简单，但就是这样一句简单的话，把我们课本上对就业的意义全部表达清楚了，所以呈现这句话的主要目的是为了让学生再次思考就业的意义，从而更好地理解书本上关于就业的意义。

5. 60年来国家在就业政策上的变化

这个材料虽然呈现得很简单，但在查找的过程中花费了较多的时间，主要目的是为了通过每个年代政策变化的呈现突出就业形势的严峻，让学生感受到就业的压力。然后呈现大学生找工作的图片，给学生一个视觉上的冲击以加深印象。

6. 关于就业形势严峻的两个表格和材料

这个材料的呈现还是出于培养学生通过材料分析，通过自己的思考总结当前就业形势严峻的原因。因为过度专注于怎么让学生思考而忽略了怎么让学生主动地思考，所以这些材料虽然能帮助学生找出原因但是还是被动的思考。

7. 如何解决就业问题的角色扮演

这个设想是希望学生通过角色的扮演真正地投入到思考当中，设身处地地思考，想出尽量完整的解决方案，但是学生并没有主动地思考，更多的是从书本中找原话。

8. 罗福欢

考虑到学生并没有参加过工作，也没体验过找工作，所以我希望有个鲜活的实例显得更加生动形象，而罗福欢是大学生中的一个，与学生的距离并不远，学生更加感兴趣，同时对学生学习这一知识点也更有帮助。

二、思路分析

本框重点在于就业和维权，我通过自己拟定的四个标题：劳动——财富之源，就业——民生之本，技能——择业之基，法律——维权之剑提炼了书本中的几个关键词和学习重点，使学生通过关键词联想知识点并形成知识体系。本框主要通过解决小张的烦恼完成学习内容，并列举了其他信息以帮助学生更好地思考与理解。在教学内容的处理上我觉得思路还是很清晰的，但我觉得由于材料过多而使整节课显得太过臃肿，整节课的节奏没有把握好，以致最后的知识点显得匆忙。所以教学内容的组织应该不断地完善，通过三次课我觉得每一次课都不断地得到改进，使重点知识更加突出，使课堂更加生动，学生的兴趣更加明显，所以教学内容的组织确实有助于激发学生思维，让学生在思考中更好地理解书本知识。

让精选的内容发挥作用

浙江省安吉县安吉高级中学　史艳红

"新时代的劳动者"是人教版高一必修一《经济生活》的第五课第二框的内容，它是在第一框"公司的经营"的基础上，让学生更加细化地了解在企业、公司中进行具体劳动的"新时代的劳动者"，同时又为第六课"投资理财的选择"等内容的学习进行了铺垫，因为只有通过就业获得了一定的劳动报酬才能进行投资理财，因此本节课内容也有承上启下的作用。

对于高一的学生来说，"新时代的劳动者"这框的内容本身比较好理解，也比较贴近现实生活，只是有些语言表达比较专业和生硬，所以构思的总体思路是教师作为一个引导者，把课堂交给学生，通过组织一定的教学素材，让学生自己受到启发甚至是震撼，水到渠成地让学生自己得出结论而不是把结论展示给学生，以切合思想政治课的特点和新课程的要求。

"新时代的劳动者"的内容有三个环节：劳动——进步之源；就业——民生之本；法律——维权之剑。劳动、就业、维权这三个词的内部逻辑非常清楚：就业是劳动的重要途径，维权是就业过程中必然要面对和解决的问题，所以课堂分为三个部分，其中教学的重点放在就业和维权上。

第一部分：劳动——进步之源

这是非常简单的道理，但若只是把劳动的意义和劳动者的地位展示给学生，或者是让学生从课本中找出来就太过于生硬了，于是我考虑结合一个具体的事例，让学生从具体到抽象，从而自然而然地理解劳动的意义和劳动者的地位。

所以，我通过以下幻灯片的展示（"鸟巢"国内总设计师和普通工人的名字都刻在了"鸟巢"纪念柱上），并提问学生"我国把普通劳动者的名字刻在具有标志性意义的鸟巢纪念柱上，体现了一种什么理念?"，学生便很自然地得出我国对劳动和劳动者的尊重，知道我国劳动者的分工不同但地位平等，光荣属于劳动者。

总设计师——李兴钢

鸟巢的一个普通建筑工人

鸟巢纪念柱

图 4-1

第二部分：就业——民生之本

就业是劳动的途径（过渡句）。就业问题是现在社会比较突出和严峻的问题，但是对于还在校园里的高中生而言，只是有所耳闻，真正的就业对他们还是比较陌生的，因此我设计了一个案例"小张的烦恼"（如图 4-2 所示）来形成解决问题的载体，让学生在分析小张的烦恼的过程中自然而然地掌握知识点，达成知识与技能、过程与方法以及情感态度价值观的目标。

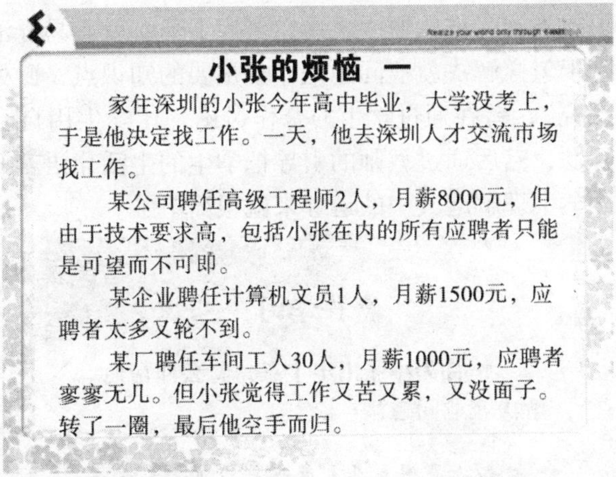

小张的烦恼 一

　　家住深圳的小张今年高中毕业，大学没考上，于是他决定找工作。一天，他去深圳人才交流市场找工作。

　　某公司聘任高级工程师2人，月薪8000元，但由于技术要求高，包括小张在内的所有应聘者只能是可望而不可即。

　　某企业聘任计算机文员1人，月薪1500元，应聘者太多又轮不到。

　　某厂聘任车间工人30人，月薪1000元，应聘者寥寥无几。但小张觉得工作又苦又累，又没面子。转了一圈，最后他空手而归。

图 4 – 2

让学生思考两个问题：

1. 小张为什么要找工作？——旨在弄清就业的重要性。

2. 小张为什么找不到工作？——旨在弄清就业形势的严峻性。

　　在解决第一个问题时，要引导学生结合劳动的意义来弄清楚就业对于社会角度的重要性。

　　在解决第二个问题时，为了让学生更直观地感受到就业的严峻性，可以用图片（如图 4 – 3 所示）的形式让学生"眼见为实"，给他们以视觉的冲击，引起他们的共鸣。

图 4 – 3

学生了解了找不到工作的原因之后，对症下药，就容易弄清楚怎样解决就业问题了。鉴于怎样解决就业问题是非常重要的知识点，此处安排了学生的一个"合作探究"，旨在通过学生的合作讨论，让学生用自己的语言来解决小张的就业问题，然后通过教师的引导把学生的生活化语言升级为课本的学术语言，这样学生理解起其中的道理来就很简单了。

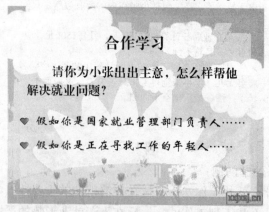

图 4-4

同时，此处教师也要引导学生从企业角度来考虑解决就业问题。最后梳理出来国家——大力发展生产力、企业——承担社会责任、个人——树立正确的就业观三个角度共同解决就业难题。

第三部分：法律——维权之剑

小张的工作解决了，可是工作中的烦恼又来了（过渡句）。利用图 4-5 所示"小张的烦恼二"来过渡到劳动者权益保护的相关问题。

学生回答：

公司侵犯了劳动者的哪些权利？——旨在弄清劳动者的权益有哪些。

接着以图片（如图 4-6 所示）和相关视频，特别是通过相关维权视频的强烈冲击，让学生有感而发地进行"合作探究"，学生便会很自然感受到为什么要维护劳动者的权益和怎样维护劳动者的权益。

最后教师要引导学生从国家、企业、个人多角度来共同维护劳动者权益，达成和谐的劳动关系。特别强调劳动者要有法律意识和权利意识，正确维权。

总之，本节课内容除了知识和技能上的相关要求，更重要的是对学生情感、态度和价值观的培养，为以后学生走上社会，找工作、维护权益奠定一定的基础。

小张的烦恼　二

终于，经过一番努力，小张在深圳某企业找到了一份工作。但工作不到三个月，他又遇到了新的烦恼。

公司要求工人日夜加班加点，工作时间每天12小时以上，但是这样加班却没有加班费，甚至连基本工资也很难准时拿到。

工厂的工作环境嘈杂，有些车间环境尤其恶劣，有部分工人向公司要求发放劳动安全卫生防护用品，改善劳动条件，遭到公司拒绝。单位只给部分职工办理社会保险，小张不在其中。

图 4－5

案例续集

由于要求得不到满足，小张选择旷工来表示不满，被工厂开除。

而小张的几个同事则采取了更极端的方式来表示抗议！

图 4－6

让挑战的问题盘活内容

浙江省安吉县安吉高级中学　鲍峰

在听完周玲玲老师和史艳红老师的课，并与胡庆芳博士和几位老师进行了充分的讨论之后，对于由本人承担的第三次授课，大家一致确定目标为如何选择和整合教学内容，以激发学生兴趣，引导学生思维，调动学生参与，从而充分发挥学生在课堂教学中的主体作用，并使学生在这一过程中形成积极的情感、态度和价值观。根据前两位老师的授课情况和胡博士的指导，本人意识到要达成这一目标，关键是要处理好教学内容的生动性、时代性、新颖性、深刻性问题。如果选择的素材内容生硬、老套、肤浅，脱离学生生活实际和时代背景，无法引起学生的共鸣，自然是无法引发学生的积极思维和热情参与的。带着这一思路，本人根据前两位老师提供的素材，对该堂课的

127

教学内容又进行了新的整合。

在劳动光荣这一教学内容方面，本人沿用了把普通建设者名字刻在"鸟巢"纪念柱上的图片材料，这一图片材料比较新颖，能吸引学生注意力，且思想内涵比较深刻，易引起学生共鸣。本人换了一幅能清晰地看到人名的纪念柱图片，并介绍了这一纪念柱的来历，给学生一种比较直观、清晰的印象。另外还设计了"这样做体现了一种什么样的观念"的提问，这样使得学生思维的方向性比较明确，较易理解尊重劳动、尊重劳动者这一观念。

在就业问题这一教学内容方面，本人在前两节课的基础上进行了一个较大的改动，就是删掉了小张的经历这一虚拟人物的故事。小张的存在虽然对教学内容的串联起了一定的作用，但对于学生兴趣的激发和思维的引导作用不明显，学生的主体作用很难发挥出来。怎样才能激发学生的兴趣呢？高中生是未来的大学生，大学生的就业情况不正是高中学生最关心的就业问题吗？找到了这一思路，本人就选择了"大学生就业难"这一当前非常突出的社会现象，通过播放一段很有视觉震撼力的以大学生就业难为主题的视频，让学生了解了当前大学生就业的严峻形势，并引导他们探讨大学生就业难的原因。再通过一张温家宝总理高度重视大学生就业问题，并把大学生就业问题摆在解决就业问题首位的图片，引导学生分析就业的重要性。最后在学生理解认识了前两个问题的基础上，再让学生以小组讨论的方式，出谋划策，共同探讨如何解决大学生就业难的问题。因大学生就业难现象很有时代性、深刻性，并贴近学生未来生活的实际，且三个问题的设计层层递进，学生的兴趣一下子被调动起来，思维也被极大地激活，课堂上顿时出现了学生积极思考、踊跃发言的局面，学生的思想、观点很多都非常新颖且切合实际，且大大超出了教材已有知识的范围和教师的预期，对学生思维的拓展和教材知识的延伸起到了非常好的作用。

在劳动者权益保护这一教学内容方面，本人沿用了某企业频发职工跳楼事件的视频材料，这一材料时效性、震撼性强，公众关注度高，很能吸引学生注意力和激发学生积极思维的兴趣，这样学生能较快地理解劳动者应享有的权利及保护劳动者权利的重要意义。再通过模拟情境：劳动者权益问题是"两会"最受关注问题之一，如果你是人大代表或政协委员，你认为应采取哪些措施以保护劳动者的合法权益？这样能使学生站在一个比较高的高度、全面地去认识保护劳动者合法权益的措施，以形成对这一问题的全方位认识。

有前两位老师打下的基础和做好的铺垫，有胡庆芳博士专业精准、细致到位的指导，本堂课的授课效果总体上达到了预先设定的目标，学生兴趣得到激发，思维得到调动，主体作用得到了发挥，情感、态度价值观也得到了积极的引导。然而本堂课也存在时间分配不够合理、收尾不到位等不足，使得课堂效果受到了一定的影响，这也是本次专题教学有待进一步改进和提高的地方。

第二节　回放教学全程

第一次课："现代劳动者"课堂实录

执教教师：浙江省安吉县安吉高级中学　周玲玲

师：上课。

生：起立。

师：同学们好！

生：老师好！

师：请坐！在上课之前我想问我们的同学一个问题：作为学生在你的学习过程中你认为你的幸福在哪里？

生：比如做历史做出来了就会很开心。

师：嗯，因为成就感而感到幸福。其他同学还有吗？

生：老实说，我觉得学习的时候是蛮幸福的。

师：嗯，从学习中找到学习的乐趣而感到幸福。下面我们来欣赏一首歌曲《幸福在哪里》，一边欣赏一边思考一个问题，歌曲告诉我们幸福在哪里。

（播放歌曲《幸福在哪里》）

师：请同学们告诉我歌曲中描述的幸福在哪里？

生：在辛苦的工作中。

生：在晶莹的汗水里。

生：在辛勤的耕耘中，在知识的宝库里。

生：在闪光的智慧里。

师：嗯，那么歌曲中描述的是谁的幸福呢？

生：劳动者。

师：今天我们就一起以寻找幸福为主题学习新时代的劳动者。这节课我们就一起来解决三个问题。第一个问题如何获得幸福，第二个问题如何选择幸福，第三个问题如何捍卫幸福。那么在解决第一个问题之前我们首先来认识一下他们，铁人王进喜、新中国第一位女省委书记吕玉兰、纺织工人郝建秀，胡志强 1205 钻井队、袁隆平、周慧芝。

师：认识吗？认识几个？

生：袁隆平、铁人王进喜。

师：那么请大家来思考三个问题。一、他们有哪些不同？二、他们身上有哪些共同特征？三、如果没有他们，我们的生活会怎样？首先，他们有哪些不同？

生：他们使用的技术不一样，下面的比上面的更加先进。

师：那么说明我们的生产力提高了，说明他们所……

生：所生活的时代不同。

师：嗯，还有什么不同吗？从他们的工作性质去思考。

生：工作类型。

师：嗯，类型，比如郝建秀和袁隆平做个对比。

生：袁隆平是专家。

师：哦，是专家。你觉得哪里不同，在工作的时候。

生：一个在室内一个在室外。

师：啊，这是地点，咱们先忽略哦。

生：一个是脑力劳动。

师：谁付出的是脑力劳动，哦，袁隆平更多的是脑力劳动，而郝建秀呢？

生：体力劳动。

师：嗯，更多的是体力劳动，好的，请坐。在这里有两个最大的不同，一个他们所处的时代不同，环境不一样。第二个终于讲到点上啦，因为他们的工作性质不一样，郝建秀更加侧重的是体力劳动，而袁

130

隆平更加侧重的是脑力劳动。所以我们发现劳动也是分多种多样的，有体力劳动，哦，也有脑力的。通过各式各样的劳动来为我们的社会创造更多的物质财富和精神财富。这是他们的不同。那么他们的相同之处如何？

生：他们都在自己的岗位上辛勤地工作着。

师：辛勤地工作着，嗯，好，请坐。虽然他们所处的时代不同，但是他们都通过自己的劳动为我们社会创造财富，哦，创造财富，所以我们说无论时代如何变迁，永远不变的是劳动者所体现出的爱岗敬业、争创一流、艰苦奋斗、勇于创新、甘于奉献的伟大精神！虽然他们的工作性质不同，所处的时代不一样，但他们的精神是一样的，哦，精神是一样的。这是我们在他们身上找到的相同点。那么大家想想，如果没有这些工作在各个岗位上的劳动者，我们的生活会怎样？如果没有他们，可以举出一些具体的例子，没有什么就没有什么。

生：没有袁隆平就没有饭吃。

师：哦，没有袁隆平就没有饭吃。还有吗？

生：没有王进喜和他的钻井工人，中国的石油业就得不到发展。

师：好，我们不从上面，还可以从其他方面。

生：没有纺织工人我们就没有衣服穿。

师：哦，没有衣服穿。还有吗？可以看看，发现周围的新事物。

生：没有航天员，就没有航天事业的发展。

师：哦，航天事业，好，请坐。其实看看我们的周边，咱们的学校，一幢幢高楼大厦都是劳动者建起来的。所以没有劳动者就没有我们幸福的生活。所以总而言之总结一句话虽然他们分工不同，但地位平等，都在为社会主义现代化建设作贡献，对不对？他们通过劳动改变了我们的生活，使我们的生活不断进步和发展。所以劳动的意义在于哪里？通过他们刚才讲的劳动者这么重要，能不能总结劳动的重要性。找到没有？劳动是……

生：人类文明进步和发展的源泉。

师：哦，源泉。所以劳动重要吗？

生：重要！

师：劳动非常的重要。所以我们说那些在各个岗位上的劳动者，他们通过辛勤的劳动创造了大量的财富推动了我们社会的进步。而我们呢，我们应该怎样对待他们？

生：承认和尊重。

师：来，大声地讲出来。承认他们，尊重他们。也就是说我们一定要形成尊重劳动、尊重人才、尊重知识、尊重创造这样的良好风气，要尊重他们、承认他们。因为光荣永远属于劳动者。这就是如何获得幸福，我们看到我们要通过劳动，我们从劳动的意义中体会幸福的意义。安吉有一个小张，他呢，在寻找幸福的过程当中遇到了几个烦恼，需要我们帮他解决。那么首先我们来看一下他到底遇到了什么样的烦恼。小张今年高中毕业，大学没考上，于是他决定开始找工作。一天，他去人才交流市场找工作。看到了这些景象……

师：好，看好了没有？

生：看好了。

师：好，小张的烦恼我们知道了，我们怎么来帮他解决烦恼呢？思考以下三个问题。第一个小张为什么要就业？第二个问题小张为什么找不到工作？第三个小张的烦恼怎样才能得到解决呢？请大家参考课本第42页，大家四人小组讨论一下。我们一起来帮帮小张。

师：好，我们回来，稍微再整理一下自己的思路，小张为什么要就业？

生：为了养活自己。

师：社会……？

生：推动社会的进步作用。

师：可以推动社会的进步作用。

师：好，请坐，那还有没有补充的，有补充吗？

生：为了生存。

师：为了生存，是谋生的手段。你觉得这个问题——为什么要就业？你觉得应该从几个角度去思考，刚才前面那个同学讲的，我们刚刚讲的生存的手段，是从什么角度思考的？

生：从个人的角度。

师：不仅仅从个人的角度，还可以从其他的角度？

生：社会的角度。

师：好，请坐！为什么要就业？很显然，要从几个角度去思考，不要仅仅从个人角度去思考，谋生的手段、生活的来源，是从个人的角度来讲；还有一个，能够使社会劳动力不断再生产；还有呢，从社会的角度，能够为社会创造所需要的物质财富和精神财富。

师：请看就业论坛就有这样的一句话，你看，它是不是就是从这么几个角度来回答的，也就是个人的：（师生共同回答）为了生存，为了实现自我，为后代带来希望的手段，它后面最后一句话是从社会的角度。

师：从社会角度来看，为什么要就业？因为就业有重要的意义，就业有它的价值所在，所以小张要去参加工作，它对社会、对个人都是有重大意义的，所以从两个方面去思考，个人、国家，把课本上相应的做一下笔记。好，那么小张他为什么找不到工作呢？他千方百计来到了人才市场，结果却空手而归，为什么呀？你有没有思考过？

生：因为小张他是高中毕业，自身知识储备不足，还有就是他没有正确的择业观，他觉得职业有高低贵贱之分。

师：哦，好的，从小张个人的角度来看有他的观念、他本身的实际情况和他的观念的角度的问题，还有吗？为什么找不到工作？

生：就是需要量不高，人才市场的需求量不高，对高素质、高质量的人才要求比较高。

师：要求比较高，还有吗？你可以仔细想，你可以从小张的角度，也可以从国家的角度。你觉得是供求，需求不一样的之外，我们国家还面临什么因素。

生：就业压力大。

师：就业压力很大，就业的人口很多，好，请坐。某同学还有补充吗？

生：我想讲的就是这个。

师：好，请坐，这个，我们来看一下，其实，很显然，为什么找不到工作，大家都想到了，就业的形势非常的严峻，就业的形势非常的严峻，那么就业形势为什么如此严峻？为什么如此严峻呢？我们希望通过几个材料自己思考，总结出就业形势严峻的原因？好，看完了吧，从刚才的两个表格加一个材料，我们来思考一下就业形势为什么如此严峻？

生：因为大部分人，就业的大部分人员，自身的素质都不是特别高，而所以造成一些人就业竞争很大，并且在人才交流市场上的信息量比较少，比较滞后，导致就业和企业之间的冲突。

师：嗯，那么从表格中我们逐一来看，第一个表，反映的是什么问题啊？什么问题啊？（师生齐说）劳动力的需求大于供给，看看啊，新增就业岗位跟上面的需求还是相差很大的，所以，第一个反映的问题，说明是我国的人口总量和劳动力的总量都比较……需求大，但岗位的供给相对来说，比较少。

师：第二个反映的问题是？反映的是什么问题？

生：（师生齐答）劳动力的素质不高。

师：应该说我们的劳动力素质与社会经济发展的需要不相适应，好，不相适应，很多时候，我们更加需要的是高级技术工作人员，但是呢，由于劳动力的素质比较低，不能符合市场的需要，所以他找不到工作。

师：第三个是属于什么问题啊？信息不畅通，市场不完善。可能很多企业是需要人的，但是它需要人的信息无法准确传达到正在找工作的人的面前，所以呢，导致信息不畅通，所以呢，无法找到相应的工作，无法找到相应的路。

师：所以说，存在这样三个问题导致就业形势非常的严峻，也导致了小张找工作的时候存在困难。当然，除了这些客观原因之外，大家也找到了小张的问题。

师：除了这些客观原因？

生：（师生齐答）还有他自身的原因，就是他的就业观念。

师：啊，就业观念不正确，因为他觉得呢，这些又苦又累的工作没面子，所以呢，他空手而归，那么，既然找到了原因，我们就很好找到解决办法，根据原因，来找解决办法。

师：应当如何帮小张解决就业问题？你可以把自己想象成国家就业管理部门的负责人，你也可以把自己想象成正在寻找工作的像小张一样的年轻人。你给他出主意，或者你就是上面的负责人，你觉得你要帮我们的老百姓怎样解决这个就业问题，大家自己思考一下，自己找个角色，然后投入进去，扮演这个角色。根据刚才的原因，我们相应地作出回答，好，我们找到一条是一条，行吧？有没有主动的，想表达的？好，想到一条是一条，集中大家的智慧。

生：树立正确的就业观念，努力学习。

师：从自己的角度出发，试着用自己的语言表达，大声讲出来，不要紧的。

生：增加工作岗位。

师：我们党与政府怎样才能增加就业岗位，根本上要怎么去做？

师：要大力发展经济，增加就业岗位。

生：提高自身素质。

师：政府怎样帮助劳动者提高素质，可以采取哪些措施？

生：重视教育。

师：还可以通过什么方法？

师：可以举办各式各样的培训，从而提高劳动者的素质。

师：对于信息不畅通这块，政府怎么办？

师：完善市场机制，规范人才市场。从自身角度应树立正确的就业观念，如果你是小张的朋友可以劝劝他。

师：呈现幻灯片——如何解决就业的总结：从国家角度（略）

　　从个人角度（略）

师：从个人角度，我希望小张学习一下罗福欢。（呈现相关素材）

师：从个人的角度，我们可以学习一下擦鞋匠罗福欢，罗福欢的具体情况大家可以看一下。请大家看下，罗福欢身上有哪些正确的就业观是值得小张学习的？

生：首先他有正确的职业平等观，他不认为擦鞋是个低贱的劳动，他在自己的行业中干出了名堂。

师：职业平等观，还有吗？

生：其他还有……

师：根据课本上举的几个就业观。

生：还有自主择业观、竞争就业观和……

师：哪里体现出来了？

生：他根据自己的兴趣选择职业，然后在各种劳动力市场努力学习提高自己的素养。

师：职业兴趣观噢，其他还有吗？

生：没了。

师：我们在罗福欢身上，能看到自主的择业就业观，还有竞争就业观和职业平等观，相应的材料里都有体现，通过自己的研究逐渐形成了各种工艺，说明在激烈的竞争之下，我们每个劳动者都要努力学习，提高技能和素质，这样才能积极主动地适应劳动力市场。所以一定要树立这四个就业观。这四个就业观分别是自主择业观、竞争就业观、职业平等观、多种方式就业观，从个人角度来加以说明，所以，对我们个人而言，如何选择幸福，一定要树立正确的就业观。

师：终于，小张在同学们的帮助下找到了工作，但工作不到三个月，小张又遇到了问题。看看他遇到了什么样的烦恼呢？同样解决三个问题，根据课本的第44页。（参见图4-5）

1. 小张的哪些合法权益受到了侵犯？

2. 小张为什么要维护自己的权益？

3. 小张可以通过哪些途径来维护自己的权益？

生：小张的生命健康权……

师：劳动者享有的权利找到了吗，有哪些？找到了，根据材料中描述的一一对应，哪些权益受到了侵犯。

生：取得劳动报酬的权利，获得劳动安全卫生保护的权利，享受社会保险福利的权利。

师：每天工作12个小时以上，这里侵犯了哪项权利？

生：休息休假的权利。

师：那么，第2个问题，为什么要维护劳动者的合法权益，如果劳动者权益受侵犯，会怎样？如果一个人连最基本的权益都得不到保障，他还有劳动积极性吗？从小张的角度来说，权益受侵犯，会影响其劳动积极性。

师：为什么要维护劳动者的合法权益，因为这些权利是保障劳动者主人翁地位的前提，是充分发挥和调动劳动者积极性和创造性的保障，所以要维护他的权益。

师：小张的权益被侵犯，他可以通过哪些途径来维护自己的权益？他可以怎么做？

生：可以通过投诉、协商、申请调解、申请仲裁、向法院起诉等途径来维护自己的合法权益。

师：可以通过这些途径来维护自己的权益，但是很遗憾，小张没有那么理性来合法地维护自己的合法权益，而是……

师：你是怎样看待小张等人的行为的？你觉得劳动者在维护自己的权益方面要注意哪些方面？

生：要通过法律途径来维护自己的合法权益。

师：我们要拿起法律的武器，也就是说我们在权益受侵害时，如何来捍卫自己的权益？劳动者要通过增强权利意识、法律意识，以合法手段、法律程序来维护自己的权益。我们还有哪些方面可以来帮助我们劳动者去维护他们的权益，还要靠谁？

生：国家、政府、用人单位。

师：用人单位也要增强法律意识，严格守法，来维护劳动者的合法权益。所以如何维护劳动者的合法权益，我们也要发散自己的思路，也要从国家、企业、个人三个方面进行思考。

师：本课通过解决三个问题，认识了劳动的意义，认识了如何解决就业问题，对个人而言怎样寻找幸福，树立正确的就业观，当权益受到侵犯时，一定要拿起法律武器，维护自己的权益。

师：下课！同学们再见！

生：老师再见！

第二次课："现代劳动者"课堂实录

执教教师：浙江省安吉县安吉高级中学 史艳红

师：上课！

生：起立！

师：同学们好！

生：老师好！

师：请坐！

师：2008 年我国有什么重大活动？

生：奥运会。

师：呈现"鸟巢"、两张人物照片。

师：这是什么人？

生：中国人。

师：一位是"鸟巢"总设计师李兴钢，一位是普通工人。"鸟巢"是中外建筑史上的浓墨重彩的一笔，在"鸟巢"上刻有总设计师和普通工人的名字。

（呈现画面及文字——"鸟巢"纪念柱的背面刻着113个建设者的名字，其中大部分是为建设鸟巢作出贡献的普通建筑工人）

师：把普通建筑工人的名字刻在鸟巢纪念柱上，这体现了一种什么样的观念？（引导学生，师生齐答）

师：（呈现幻灯片）尊重劳动，尊重劳动者。劳动者是生产过程的主体，劳动是人类文明进步的源泉。

师：我这儿有一位虚构的小张，也许真的有位小张（呈现"小张的烦恼"）（参见图4-2）

师：结合课本思考，小张为什么要找工作？为什么找不到工作？（呈现问题）

生：就业是取得劳动报酬，从而获得生活来源，使社会劳动能够不断再生产。

师：这是从个人角度来说，还有吗？

生：就业有利于实现自身的社会价值，丰富精神生活，促进人的全面发展。

师：从社会角度来说呢？

生：就业使得劳动力与生产资料结合，生产出社会所需要的物质财富和精神财富。

师：为什么要找工作从社会、个人两方面来考虑？

师：（呈现就业的意义）

对于个人而言：

1. 就业是取得劳动报酬，从而获得生活来源，使社会劳动能够不断再生产。

2. 就业有利于实现自身的社会价值，丰富精神生活，促进人的全面发展。

对于国家而言：

1. 就业是民生之本，对整个社会生产和发展具有重要意义。

2. 就业使得劳动力与生产资料结合，生产出社会所需要的物质财富和精神财富。

师：（呈现幻灯片）就业是民生之本。

师：小张为什么找不到工作？

师：（呈现幻灯片）（参见图4-3，人才招聘会人山人海的图片，引导学生体会"劳动力总量大"）

生：中国人口太多了。

师：（呈现幻灯——小张的烦恼，参见图4-2）

师：小张为什么找不到工作？

生：小张的素质不够高

师：（呈现幻灯片）

就业形势严峻的原因

（1）我国的人口总量和劳动力总量都比较大。

（2）劳动力素质与社会经济发展不完全适应。

（3）劳动力市场不完善，就业信息不畅通。

师：我国劳动力市场不完善，就业信息不畅通。

师：（呈现幻灯——小张的烦恼，参见图4-2）

师：小张为什么找不到工作？

生：思想观念不正确。

师：就业观念对能否就业也非常重要，应该树立正确的就业观念。

师：（呈现幻灯片）

合作学习

请你为小张出出主意，怎么样帮他解决就业问题？

假如你是国家就业管理部门负责人……

假如你是正在寻找工作的年轻人……

师：请结合课本 pp. 42~43。

师：别完全按课本。

（学生讨论）

师：差不多了哦，咱们现在开始第一个，如果你是国家负责人，就业管理部门负责人，怎么去解决千千万万个小张的就业问题？

生：实施积极的就业政策，加强引导，完善市场就业机制，扩大就业规模，改善就业结构。

师：哦，他的语言好专业。你这样想能不能想出来你要怎么做，你刚才看到一堆人去找工作那个场景了吧？是不是很多人需要这个工作但是工作岗位就这么多，那你作为国家就业管理部门负责人该怎么做，用你自己的话说。用课本的语言他觉得非常通顺，如果用自己的话说呢？同桌。

生：增加就业岗位。

师：嗯，增加就业岗位。怎么增加就业岗位使得这么多人有工作？增加就业岗位你不能随便增加吧。经济发展之后是不是岗位才能多起来，然后人才能有工作的？所以第一个方面对于国家而言根本上要如何？

师：大力发展生产力才能说后面说的增加就业岗位。好，你们俩坐下。至于就业部门主要是这方面，大力发展生产力。刚才我还提到一点，就业形势严峻里边讲到有些人想找工作，但是这个地方呢，就业信息不通畅，说明政府部门还需要干什么？

生：完善就业机制。

师：这是不是就出来啦？嗯，好，这是就国家而言。作为正在寻找工作的年轻人，三四年之后，你们也成为小张去找工作了，怎么找工作？

生：作为正在寻找工作的年轻人，我会调整自己的心态，无论工资是高还是低，是扫马路还是干什么都可以。

师：他是心态非常好，扫马路都可以，首先，××树立了一个很好的就业观，是什么就业观啊？

生：职业平等观。不一定当刚刚那个总设计师，但是你可以当一个普通的建筑工人，也可以把名字刻在鸟巢上面。还有呢？

生：没有。

师：没有？就这样的。好，坐下哦。还有作为年轻人你光有职业平等观还不行，还要怎样？还有谁知道的。

生：应该根据每个人的兴趣、专长来选择职业，而且要求对职业从基层做起，不挑剔。

师：哦，你这个第二个观点跟××差不多，从基层做起，不挑剔，上来就当管理层这个不太可能的哦，招聘都要求你有工作经验的，还有要求从专业技术出发，像我挑我这个工作的时候就是从小树立了这样一个愿望，从小的时候我就想当老师，当时最简单的一个想法就是别人作文交上去以后，我想看别人的作文是怎么写的，但老师不让看，我想以后当老师我就可以看了，但是后来慢慢长大之后不只是这一点了，就是我喜欢，所以我所有的包括大学研究生的专业全都是师范类的，这个就是根据兴趣来报的，好，很好，坐下。

师：想想有些人他不去上班、不用挤公交车，也不用挤地铁，就自己在家里工作，有很多人在这样工作而且赚了不少钱，属于什么观念？

生：自由职业者。

师：也就是多种形式就业观。小张未必一定要出去找工作，他可以自己在家里做些事情，也可以给人家当一个家政人员，都可以的。

师：怎么去解决问题是分为两个大的角度，同学们，一个是国家角度，一个是劳动者个人角度，大家来看一下。

师：国家刚才说了根本是大力发展生产力，以增加就业规模这样就有人有工作了，包括这几段文字，多念几遍，可以说这是几个关键的术语。

师：好，关于个人，最重要的是树立正确的就业观，不要一上来就想做管理层了，不要一定要坐在办公室里不出去风吹日晒。这是正确的就业观。好，这是小张一开始找不到工作我们给他找出原因来了。

师：其实小张最好学习罗福欢这个人，时间比较紧，不给大家看了，就像刚才××同学说的一样，就是扫马路都不要紧的，这个罗福欢是个大学生，四川师范大学毕业，但后来他擦皮鞋，就在路边摆摊擦皮鞋，他擦的皮鞋比人家好，价钱比人家贵5倍，但是很多人都去找他擦皮鞋，后来他自己就开了个罗记擦鞋店，现在好多分店，自己当老板，这是"新闻面对面"采访他的画面，这是他说的一句话，一起念一下这句话。

生：我相信不管什么工作只要能脚踏实地、兢兢业业都能有所作为。

师：嗯，这样的话，好多个小张变出好多个罗福欢，就业问题就好解决了。罗福欢是有技能的，技能是择业之基。不管怎么着你有个技能，也就能在这个社会站稳脚，还有北大毕业生卖猪肉也卖得很好的。

师：好，小张后边，小张又有了这样的烦恼。大家来看一下。小张本来是深圳人。劳动者好不容易找到工作又出现问题了。大家看看小张的哪些合法权益受到了侵害，结合课本，咱们一起来读一下劳动者

　　　　的权利。

生：我国劳动者享有的权利包括平等就业和选择职业的权利，取得劳动报酬的权利，休息休假的权利，获得劳动安全卫生保护的权利，接受职业技能培训的权利，享受社会保险和福利的权利，提请劳动争议处理的权利以及法律规定的其他劳动权利。

师：（呈现幻灯片，参见图4-5）

师：好，现在大家看小张的烦恼，侵犯了小张的哪些权利。

生：侵犯了他的劳动报酬权。

师：先看上面。加班加点？

生：休息休假权。

师：一天工作12小时以上？

生：劳动报酬权。

师：嗯，劳动报酬权，下面？

生：侵犯了他的获得劳动安全卫生保护的权利。

师：嗯，他提出来遭到公司拒绝之后？

生：侵犯了享受社会保险和福利的权利。

师：嗯，享受社会保险和福利的权利。对不对？

生：对。

师：好，坐下。小张找到工作，权利受到侵害了，所以他为了表达不满做出了一些事情，包括和他的同事一起，我们来看一下。小张的选择，你不是不给我这个那么，我就旷工，被工厂开除了。而小张的几个同事，我这里找到一个视频，是报道某企业频发极端事件的，给大家看一下。

师：（播放视频）

师：好，这里面的视频跟这个材料是差不多的，咱们看看第一个就行了，这里面刚才大家听过了有关于企业的回应。还有，讲到国家必须要建立一个机制才行，个体劳动者是不是在这里压力太大了，好，结合这些东西，咱们讨论这两个问题，为什么要维护劳动者的权益？怎样维护劳动者权益？也是结合课本上，咱们大家讨论，解决这个问题。四个同学讨论，你或者是更多的同学讨论。

生：（讨论）

师：你把课本看一遍之后，想想自己遇到这样的事情会怎样做？

师：大家看完视频后，想想怎么解决这样一个问题。

生：（讨论）

师：稍微给大家一点提示啊，根据这三点，这个为什么要维护劳动者，从劳动者和社会两个方面考虑考虑。怎样维护，从三个方面，有企业的、有劳动者本人的，还有整个国家的，三个方面考虑，从几个角度去想一想，别纠缠在劳动者个人身上，那个，劳动单位，国家啊。

师：要不，咱们现在试一下吧，先问问为什么要维护劳动者的权益？好，找个同学来。

生：因为实现和维护劳动者的权益是社会主义的本质要求，维护劳动者的权益能更充分地调动劳动者的积极性和创造性，可以为社会发展储备更大的动力。

师：这里，是刚才所说的，积极性是不是对劳动者而言的，不给我钱，就没有工作积极性了，没有工作积极性之后，那社会主义的本质是不是共同富裕的啊？让大家一起幸福的，那你都没有给大家钱啦，何谈社会主义的本质要求呢，是不是这样的啊？

师：所以，为什么维护劳动者的权益，从自己而言，从社会而言，两个角度。

师：怎样维护？从这三个方面，好，出来了，请大家稍微看一下。大家还记得，那个小张，他第一个选择是什么？

师生共答：小张由于不满意，旷工，是不是？旷工，这属于哪个？唉，第一个肯定是非正当的，然后呢？我旷工，我不去工作了，这是我的义务没有完成，那你义务没有完成，当然，这个用人单位可以以这个借口把你辞退掉。

师：对于劳动者而言，第一个要干什么？

师生共答：先履行义务，对，履行义务，所以小张的这个做法是不对的啊。

师：第二个，视频里有一点，跟大家一起回顾一下，讲到，这个企业说你们要自愿跟我签一个什么，加班的东西，如果你不签的话，就只有基本工资，你就生存不了，这个自愿加班这个东西，符不符合《劳动合同法》，国家《劳动合同法》里有没有自愿加班？

生：不符合。

师：也就是，这些人，小张啊，还有他的同事到企业去的时候，他们应该首先应该签订一个什么？

生：合法的劳动合同。

师：到时候我去告他的时候，是不是有依据的？所以第二点，劳动合同是一个很大的依据。

师：第三点，就是那些大批的年轻的生命了，他们选择的方式如何？

师生共答：是一种极端的方法，不能因为别人的违法行为放弃自身生命。他没有通过合法的手段、正当的途径去维护自身合法权益，那，看课本上，正当的途径有哪些？

生：当自己的权益受到侵犯时，可以通过投诉、协商、申请调解、申请仲裁、向法院起诉等途径加以维护，而不能采用非法手段加以报复。

师：他有没有施加报复？他是不是报复了自己！不过也给这个企业带来很多不好的影响。劳动者要树立权利意识和法律意识，也就是说，用法律来维护自己的合法权益，法律——维权之剑，这样才能真正地让自己不吃亏，而且能够维护好自己的权益。

师：好，对于政府而言，这里面比较清楚啊，你怎么才能让员工维护自己的权益，你应该让劳资关系和谐了，通过一个劳动合同法规定，不能说，你硬叫职工加班，这样是不是劳动者权益在国家这方面做好了。

师：最后，里面出现最多的是某个企业，它怎么着怎么着，是不是有很多狡辩，首先，企业叫职工加班，不加班就扣工资，这是不是就有点违反道德和法律了，所以，对用人单位而言，一定要尊重劳动者的权利，不能随意让人加班还不给他工资。所以这一点应该是说叫大家先讨论完了之后再出来，由于时间问题，咱们就这样列出来大家看一下。

师：劳动者、政府，还有用人单位这方面怎么做的，后面还有一个后续报道，大家不要急着去记，先理解，后续报道，就是这个，这是后来讲到某企业频发职工跳楼事件，这里讲到政府去管这个事情。

师：（播放视频）

师：好，这里面主要是哪个主体在干预这个事情啊？

生：政府。

师：这里面是不是政府在干预，包括里面的政协，还有总工会都干预了这一件事情，使得这个劳资关系，就是劳动者和雇用的人之间的关系能够和谐一点，而少产生这种违反劳动者权益的情况。

师：好，咱们这节课关键点就是围绕这几个词，一个，劳动——进步之源；就业——民生之本；技能——择业之基；但是如果你的权利遇到侵害的时候，应该拿起法律的武器。

师：下课，同学们再见！

生：老师再见！

第三次课："现代劳动者"课堂实录

执教教师：浙江省安吉县安吉高级中学　鲍峰

师：上课。

生：起立。

师：同学们好！

生：老师好！

师：请坐！

师：听着这熟悉的乐曲，看着这雄伟的建筑物，我们仿佛又想起了三年前的一幕幕。然而时代在进步，过去的终将会过去，但过去的它给我们留下了一些东西，是吧，比如说这个"鸟巢"。这个"鸟巢"是我们中国人建的一个"鸟窝"，是吧，但是这个"鸟窝"却在人类建筑史上留下了浓重的一笔。英国有一家权威媒体，评出 21 世纪的十大建筑，我们中国"鸟巢"入选。那么它这么厉害，厉害在哪？

生：造型。

师：厉害在哪里？造型，对不对，还有什么？

生：技术。

师：科技含量，技术含量。对，还有吗？

生：规模。

师：规模！规模很宏大。有很多很多的方面，既有艺术的方面，又有技术的这个方面，是吧。但是还有一点，同学们可能不曾注意，就是鸟巢建完后，我们中国人民为了纪念它，专门建了一个纪念柱，在这个纪念柱上面呢，我们看到了什么？

生：名字。

师：名字！你知道是谁的名字吗？

生：建筑工人的。

师：建筑工人的，看来同学们是曾经看到过有关报道。这里一共有几个名字呢？一共有113个名字，都是"鸟巢"建设者的名字，这其中大部分都是为建设"鸟巢"作出突出贡献的普通建筑工人的名字。同学们，我们把普通建筑工人的名字刻在纪念柱上面，作为一种历史的、永久的纪念，这体现了一种什么样的观念？

生：尊重劳动者，尊重劳动。

师：尊重劳动者，尊重劳动，对不对。不管是什么劳动，只要你付出了劳动，为人类作出了贡献，是吧，都是值得尊重的，是不是？所以我们要尊重劳动，尊重劳动者，因为劳动具有怎样的重要性？

生：……

师：能不能用课本里一句话，就一句话来形容。

生：……

师：用一句话来形容，那位穿黑衣服的女同学，用一句话来概括。

生：劳动是人类文明进步发展的源泉。

师：嗯，好，那么劳动者呢，你能不能再用一句话来进行概括？

生：劳动者是生产过程的主体，在生产过程中起主导作用。

师：很好，请坐，噢，我们就用这两句话来说明劳动、劳动者的重要性，那劳动者是生产过程的主体，劳动是人类文明进步的源泉，所以你想想看，我们人类能离开劳动吗？

生：不能。

师：能不劳动吗？

生：不能。

师：不能，能离开劳动者吗？

生：也不能。

师：是吧？所以大家想成为劳动者吗？

生：想！

师：我们想，但是在当今这个年代，你想成为劳动者啊，也不容易啊。
你想成为劳动者都不容易啊。

（播放视频《就业太难》）

师：大家看到了什么？看到了什么？

生：就业难。

师：就业难，谁就业难。

生：大学生。

师：辛苦寒窗十几载，是吧，到最后落得一个在街上竟然还要树块牌
子，"卖身求职"。是吧。很悲惨啊。当前的就业形势很严峻，是
不是啊。大学生就业呢，大家有没有去了解过，为什么当前大学生
就业会这么困难？大家有了解过它的原因吗？还是刚才这位穿黑衣
服的女同学。

生：因为现在大学生很多，人太多，像社会上的有些工作，他认为自己
是大学毕业，然后有资质，他就认为这些工作工资太低，而工资太
高的他又不能胜任。

师：那么你给我们讲了，刚才那个大学生就业难，大概有两个原因：第
一个，人多。是不是啊？第二个是，大学生，工资低了他不去，工
资高了呢，人家又不要他，对不对？两个原因，好，请坐。其他同
学，有没有补充的，有没有别的原因？除了人多，学生自身有原因
之外，有没有别的原因啊？

生：国家提供的就业机会少。

师：国家提供的就业机会少，国家提供的就业机会少。也就是说，一方
面提供的就业机会少，但另一方面呢，大学生人又多，是吧，想就
业的学生又多。是不是啊？这中间有一个矛盾，可以这样理解吧？
是不是啊？还有没有别的原因？

生：没有。

师：好，请坐，还有没有别的同学想到别的什么原因呢？你想想看啊，
如果是你，噢……好，这位同学。

生：当前大学生所选的专业基本上都是白领，这些职业在中国职场上已
达到饱和的地步，中国真正需要的蓝领职工有些专业的大学生
很少。

师：也就是说现在大学生学的很多专业将来发展的方向都是坐办公室的，对不对？白领。但是现在整个社会需要的，恰恰是需要你们去干技术活、体力活的蓝领。是不是啊？这说明我们现在大学生群体培养的方向与我们社会的需要是脱节的。对不对？嗯，请坐。同学的思想越来越活跃了噢，提出了很多好的想法。看看，还有没有？还有没有？好，这位同学？

生：还有以前的工厂还有一些下岗的再就业的人员，他们中很多人是拥有技术的人，而且他们有丰富的工作经验，他们就有比大学生更多的能力去找到工作。

师：也就是说大学生在与下岗工人的竞争过程当中，都没有优势，对不对？没有优势。因为这里归根结底的问题还是在于大学生自身的素质不符合社会的需要。嗯，好，请坐。还有没有，还有没有，别的想法、别的看法。

生：现在的大学生由于没有工作经验，没有较高的工作能力。

师：没有较高的工作能力，自身素质不能符合社会的需要。

师：好，请坐！我们一起来总结一下。

师：（呈现幻灯片）

大学生为什么会"就业难"？

1. 我国的人口总量和劳动力总量都比较大；

2. 劳动力素质与社会经济发展的需要不完全适应；

3. 劳动力市场不完善，就业信息不畅通。

……

师：请把课本翻到第42页，请看第二自然段，这一段在讲为什么大学生就业难，其实现在不仅是大学生就业难而且整个社会就业难，整个国家普遍出现就业难。

师：就业形势严峻：我国的人口总量和劳动力总量都比较大；劳动力素质与社会经济发展的需要不完全适应；劳动力市场不完善，就业信息不畅通。

师：三个原因。面对大学生就业难的局面，我们国家是怎样做的？温家宝总理说：我最担忧的一件事就是大学生就业，2009年有超过700万毕业生需要解决就业问题，几年基本是这个水平。我们政府非常重视解决大学生的就业问题。就业这么重要吗？不就业社会就不行啊？

生：就业使得劳动力与生产资料结合，生产出社会所需要的物质财富和精神财富。

师：不就业，没人进行社会生产，没有物质财富、精神财富产出，那么我们消费的物质财富和精神财富从哪来？

师：谁还不行？

生：自己。

师：自己怎么不行。

生：不就业没有生活来源。

师：还有吗？价值需要在劳动中实现，就业是劳动的重要途径，好，对吧？请坐！

师：我们发现"就业是民生之本"，社会不能没有就业，劳动者也不能没有职业，我们可以从两个方面来考虑。

师：对个人而言：就业取得劳动报酬，从而获得生活来源，使社会劳动能够不断再生产；就业有利于实现自身的社会价值，丰富精神生活，促进人的全面发展。

对国家而言：就业使得劳动力与生产资料结合，生产出社会所需要的物质财富和精神财富。（呈现幻灯片）

师：就业很重要，但大学生又找不到工作，怎么办，要想办法喽，接下来我们来想办法。

师：现在大学生就业难这个问题，如何解决，我们来共同探讨。

师：我们在座的同学将来也都会成为大学生的，试着想想办法，接下来开始。（呈现幻灯片）

合作学习——求解大学生就业难

师：好，差不多了吧，哪位先来？

生：我觉得应该从两个方面，一个是从大学生个人方面，从大学生个人方面，首先他们应该选好专业，就是说比如某个专业人数已经过量了，那你就不要去选这个专业，选社会需求比较大的专业，然后再提高自身的素质，加强自己的能力，这样可能工作就好找一点。然后从社会和国家这方面来说，就是加强引导，然后完善市场就业机制，扩大就业规模，改善就业机构，引导大学生选择正确的方向去找工作。

师：说了两个方面，大学生自己和国家、政府是吧。我们自己选专业的

149

时候还是要根据社会需要，还有要提高自身素质，国家方面就是书上那段，是不是？还有补充吗？没有补充了？

生：差不多。

师：差不多，不补充了是吧？好，请坐。讲得很好。其他小组呢？

生：一是鼓励有能力的大学生要自主创业。

师：哦，自主创业。

生：他们就能创造更多的机会，甚至如果可以把企业规模扩大的话就能创造更多的就业机会。

师：哦，这样的啊，不仅能够自己就业还能带动更多人就业，是不是？何乐而不为呢？

生：第二可以增加退休人员，提高退休工资，这样老一辈的……

师：退休年龄是延长还是缩短？

生：退休年龄提前，这样老一辈的人可以稍微先退一点下来。

师：哦，是这个意思，让老年人提前退休，把位置让给年轻人，是不是这个意思？

生：然后第三个是对有的工作进行适当的补助。

师：哦，提供补助，也就是说你这个职业是社会需要的，而且是急需的，但是不大有人愿意去干，是不是，国家提供一定补贴，嗯，这也是一个主意哦。是吧？自主创业。好，第二个是退休年龄，可以提前点对吧，还有一个是国家进行补助。这里应该说有鼓励大学生自己干的，自己需要去做的，也有国家需要去做的事情，对不对。好，请坐。谈得真好啊，思维很发散，好，这位同学。

生：我是分三个方面来讲的，一个是国家方面，首先要加强计划生育基本国策，减少中国人口总量，然后还要实行科教兴国和人才强国战略，发展中国高素质的人才。个人方面要树立自主择业观和竞争就业观，社会要形成劳动光荣、知识崇高、人才宝贵的时代新风。

师：这个同学站得很高哦，是不是？第一计划生育，人口方面要减少，这个好像不是想减少就减少，也就是这个计划生育的政策我们可以落实得更好，是不是？第二科教兴国、人才强国这个战略继续实施，提高人口素质，劳动力素质，最后一个是什么？

生：最后一个是形成社会风气，尊重劳动。

师：哦，尊重劳动，尊重劳动者。劳动者要树立各种劳动观念是吧？还有小组要补充的吗？有没有？这边还有。

生：国家可以扩大内需，增加补助，银行等也可以对大学生自主创业或想要创业的人进行补助，贷款补助，对有能力的大学生进行培养，对国家急需的某些技术可以进行培养，然后更好地来进行生产。

师：也就是一方面通过银行给大学生提供贷款，提供一些帮助，另外，在大学生素质提升方面给他提供各方面途径，好，请坐。同学们说得很好，从各方面。有从国家的角度，从个人的角度。有从计划生育的角度，也有从人才培养的角度，很多，那么我们把大家的思想集中一下。其实这里集中的是我的思想，我发现，同学们的思想已远远超过我的思想，总的来说刚才那个同学说了课本上有的。就是这几点，是吧。我觉得国家要实施积极的就业政策，完善就业机制，改善就业结构，扩大就业规模。确实这个措施，国家是直接作用于就业的，是不是直接作用于就业的，那么刚才同学们说到很多其他的，不是直接作用于就业的，但是能够从其他角度来帮助大学生提高素质，来丰富就业，其实大家很多的想法我们可以作为参考，所以这个方面应该用省略号的哦，不完全的，接下来，个人，个人大家提出来了，比如大家说树立职业平等观，这个观念是要树立正确的就业观念，现在我们说各种各样的就业都是平等的，书本上举了四种，四种就业观，自主择业观，竞争就业观，职业平等观，多种方式就业观，职业都是平等的，是吧？你要根据你自己的兴趣、技能去选择自己的职业，刚刚有同学讲到可以自主创业，这是哪种观念？

生：多种方式就业观。

师：哪种就业观？

生：自主择业就业观。

师：有道理吧？有道理的对不对？主要是哪种？

生：竞争就业观。自主创业，上面说的是自主就业，不是自主创业，我自主创业其实是选择了一种和别人不一样的方式，就业方式嘛，所以应该是……

师：多种方式就业观。现在大学生就业方式是很多的，刚才前面也有同学讲了，现在的大学生不一定都要坐办公室，做白领，现在也有大学生擦皮鞋的，有大学生卖猪肉的，有大学生养猪的、养鸡的、养鸭的、是不是啊？我们要改变我们的传统观念，不要说大学生就是坐办公室的，对不对？所以要树立各种各样的正确的就业观，这是一个，还有一个。刚才很多同学讲到的，还是要提高自身的素质，要跟这个社会的需要相吻合。提高自身的素质，我相信通过刚刚同学们提出这么多的观点，一方面国家的大学生就业能够解决了，另一方面大家自己如果将来到大学深造，对自己将来努力的方向也清楚了，在这个情况下我相信大家都能说明就业了哦。但是就业之后啊，问题又来了。

（播放视频，关于某企业的视频）

（学生观看）

师：好，我们就到这里哈（停止视频），刚才视频中最后一句话说：放弃权利，或放弃生存，作为××的员工难道就只有这两种选择吗？太悲惨了吧？是吧？

生：嗯。（笑）

师：刚才我们看下来，你说员工最后不理智的选择跟该企业有没有关系？

生：有。

师：是有关系的，是有什么关系啊？

师生：（一起说）这个企业里面的劳动强度太大。

师：那么，大家想想看哈。这个企业侵犯了员工的权益了，对不对？

生：嗯。

师：那我们劳动者享有哪些权益啊？

（学生读课本七嘴八舌）

师：自己读，看看哈，有哪些啊？

（学生继续读）

师：第一个平等就业选择职业，对吧，还有获得劳动安全和劳动报酬，等等，同学们划起来哈，给它划好，这是我们劳动者享有的权利，法律规定的，法律规定的啊。那么，大家说说，在这个企业员工的哪些权益受到侵犯了？

（学生七嘴八舌）

师：休息的权益哈，因为这个企业员工都加班，对吧？还有没有？与其他有关系吧？与其他有没有关系啊？那个，获得劳动报酬，取得劳动报酬的权益有没有被侵犯啊？有没有？

生：有。

师：有？有？哪里？

（学生七嘴八舌地回答）

师：不加班就只能拿基本工资，有没有说不加班工资就没有了？

生：嗯，没说。

师：没说，对不对？基本工资还是要给的啊？是不是？

生：嗯。

师：那说明他的劳动报酬还是给的，对不对？获得劳动报酬的权益并没有受到侵犯啊，那么，应该说这里主要是侵犯了，啊，他的休息休假的权益，正因为侵犯了劳动者休息休假的权益，使这个劳动者长期在高强度的工作中劳动，是不是啊，也会带来一些，精神的、心灵的问题，是不是啊，这个，应该说，上面这个问题啊，放弃权益或放弃生存，是吧，是有怎样的选择？有没有，应该有别的选择吧？

生：嗯。

师：是不是啊？关于这个劳动者权益的问题，劳动者权益的问题啊，一直以来也是我们社会广泛关注的，这样的一个问题，比如说，在2010年的"两会"期间啊，关注的话题之一就是这个劳动者的权益问题，啊，"两会"，谁参加啊？

生：全国人大代表，全国政协委员。

师：人大代表和政协委员要参加的，那这成为他们热议的话题之一，那么我们也来议一下，我作为××企业员工，不能要么放弃权益，要么放弃生命吧！对不对？他们可以怎么做呢？

（学生七嘴八舌地回答）

师：从他们，或者我们，这个问题我们换一下哈，你作为人大代表，如果你是人大代表，或是政协委员，你觉得我们现在在维护劳动者权益方面，应该做哪些事情？可以去做哪些事情？

（学生七嘴八舌地回答）

师：这位同学。

生：依法确立最低工资和最长工时。

师：哦，确立最低工资和最长工时的这个政策，是有的，国家法律规定的，问题是，这个政策有，这个法律有，但是……

生：企业不遵守。

师：对，要加强监督，对劳动者权益保护方面的监督，还有吧？谁去监督？

生：政府。

师：相关部门。

生：对违法的惩罚。

师：嗯，加大惩罚力度，监督，也是监督范围内，对不对？要看看是不是合法，有没有违规？对吧？嗯，还有没有？

生：（摇头）

师：好，暂时没有，请坐！好，这位同学说了，好，其他同学呢？还有没有？还有，好，这个同学！

生：要广泛普及法律意识，增强劳动者的维权意识和法律观念。

师：增强劳动者的法律意识，是吧？不要一碰到问题就走极端！对不对？

生：（笑）

师：增强他的法律意识、维权意识，对不对？哎，还有吧？还有什么好办法呢？中间这位女同学。

生：政府组织等要施加压力。

师：噢，通过相关机构，通过有关部门，对不对？

生：嗯，让他们听话。

师：嗯，不听话让有关部门处罚他，你不能自己……

生：劳动者要维权。

师：嗯，你不能，不能由企业主任意妄为，是吧？嗯，你刚才讲得很清楚，是要求有关部门去管，光靠你自己，这样不行的，对吧？

生：还可以跟领导进行协商，要求协调。

师：可以跟企业主、老板进行协商，对不对，他们应该维护员工的权益，对不对？否则的话，我要去告你！对不对？我要去告你！到有关部门？是不是啊？先协商，一般来说，我们是先协商的，不行，我们再去找有关部门，对不对？好，请坐啊！这个也就是说，需要我们采取一些有效的、合法的手段来维护我们的利益，是不是？首先，前提是这些手段必须要合法，这些手段有哪些啊？大家说说，有哪些啊？协商是一种，还有……

生：投诉、自行调节、仲裁、向法院起诉。

师：投诉、自行调节、仲裁，不行，那我再向法院起诉，看来，我们可以选择的方法还是比较多的，对吧？就是，大家举了两个方面啊，第一，国家有关部门，是不是，要做一点什么啊，要监督了，第二个，劳动者自己也要有强烈的维权意识，（下课铃声响起）法律意识啊！那么，我们再看看，其实对于劳动者来说啊，我们要维护我们自己的权益，前提是，一定要履行义务。

生：劳动合同。

师：对，按照有关部门的规定，这是一个啊，还有一个，很多劳动者维权的时候没有依据，依据什么？

生：劳动合同。

师：有了这个劳动合同才有依据，再有呢是遵守相关法律程序，最后一个，增强法律意识、权利意识，那么作为政府呢？刚才我们同学讲，要完善，到这里，我们来看，这里还有一点。这个劳动者权益的维护方面，还要做的就是，我们要扩大就业，增加就业的机会，我要就业，我们说这个权，劳动者的权益，首先第一个权利就是我要劳动，如果连这个就业的机会都没有，劳动的权利就没有了，是不是啊，所以这是一个非常重要的措施，同学们可以在笔记里面做记录啊，还有一个就是完善法律法规，维护劳动者权益，加强监管，那么大家想想看，用人单位其实也应该做点什么吧？用人单位应该怎么做？

（学生七嘴八舌回答）

师：也要按照有关法律法规维护劳动者的合法权益，要树立法律意识，严格守法，遵守职业道德，维护劳动者的权益，好，我们这节课就上到这里！下课！

生：起立！

师：同学们再见！

生：老师再见！

第三节　点评研究发现[①]

教学内容的建构，教师即为课程的注脚

上海市教育科学研究院　胡庆芳

新课程改革提出"教师即课程"的理念，积极呼唤广大教师从教教材到用教材教的行动变革，但是受传统观念的影响和教学行为的惯性，在课堂教学实践的过程中还存在与新课程理念较大的差距，突出表现在以下方面：教师习惯于按教材编排来教，不擅长对教材内容做统整；教师拘泥于教材中现成内容，不善于为目标开发新资源；教师满足于教学有目标内容，不深究内容配目标的力度；教师着力于自身开发新内容，不注重让学生来参与建设。本研究小组就是针对现行政治课教材需要教师积极建设教学内容以有力突出教学目标的特点，从课堂教学内容有效组织的角度，探索现教材的处理，总结可推广的策略，以及改变教教材的习惯，提升用教材的能力。

三次实践探索课选择的都是人教版《思想政治》高一年级第二单元第五课"企业与劳动者"中的"现代劳动者"部分。本课主要的教学目标包括：明白劳动的含义并养成热爱劳动和尊重劳动者的态度；理解就业的意义并学会辩证分析当前严峻的就业形势且培养正确的就业观念；知道劳动权益包括的具体内容并养成依法维护劳动者权益的意识与习惯。

一、第一次课试教

专题探索值得肯定的方面

1. 执教教师积极补充了与主题相关的多项教学新材料，诸如引入歌曲《幸福在哪里?》的赏析帮助学生理解劳动的意义，以及引入对新中国成立以来涌现的劳动模范的认识来帮助学生增进对劳动光荣、创造伟大的切身体

---

① 胡庆芳. 高中政治课堂教学内容有效组织的实践策略研究［J］，思想政治课教学，2012：3.

会，弥补了课本内容之不足，丰富了学生课堂学习的内容。

2. 所有教学内容得到了有序组织，分别从"劳动——财富之源"、"就业——民生之本"、"技能——择业之基"和"法律——维权之路"四个方面展开，其中还有意使新编的安吉小张就业的故事贯串整堂课，即找不到工作时的无可奈何、找到工作后但权益没保障的郁闷苦恼、采取不恰当方式维权反而触犯法律的悔恨交加，思路清楚，有机衔接。

问题发现

学生课堂学习中动态的生成显得不足，积极主动的学习状态没有明显表现出来。

原因诊断

1. 在教学内容的组织上，教师增加了歌曲《幸福在哪里?》的赏析、自新中国成立以来几个历史时期共六张劳模的图片展示、全球就业论坛有关就业的观点剪辑、2009—2010 年全国劳动力供给与需求倒挂的数据表、湖州劳动力市场信息服务质量落后的表现、大学生罗福欢开擦皮鞋连锁店的事例，以及安吉小张同学高中毕业就业一路坎坷的案例等大大小小的新材料 11 项，从而使得学生在课堂上的学习被塞得太满，挤占了本可以用于组织学生思考和发现的时间。

2. 课堂上教师呈现了王进喜、袁隆平等六位新中国成立以来不同历史时期劳模的照片，而学生对包括吕玉兰在内的其他四位人物均显得陌生，以至于对诸如"他们有哪些相同和不同的特征? 没有他们的辛勤劳动，我们的社会会怎样?"等问题，学生没有能够动态生成个性的、有意义的新理解。

附课堂一教学片段：

师：想想看图片上的这些劳动者有什么样的不同？

生1：他们各自掌握的技术不同。

生2：他们所处的时代不同。

生3：他们的职业不同。

生4：他们劳动的地点不同。

……

师：他们有哪些地方相同？

生5：他们都是中国人。

……

其实，对于这些不同历史时期劳模的特点的提问，最重要的是让学生认识到他们尽管从事着不同的劳动，但他们都用自己辛勤的劳动为社会创造财富，同样赢得了社会的尊重。劳动光荣，创造伟大。

3. 组织的有些教学内容针对主题的表现力还不够，对于学生没有产生应有的心灵触动和精神震撼，因此使这些内容的学习对于目标的达成，其促进作用没有明显体现出来。

例如，铁人王进喜的事例与其用照片不如截取当年铁人奋不顾身跳入泥坑和泥浆的视频，从而鲜活地再现那一代石油工人为新中国建设舍生忘死的豪迈气概以及战天斗地的劳动热情。

又如，有关对于所有劳动都是平等的观念的认识，教师从上述几个劳模的介绍中直接告诉学生，就不及增加当年国家主席刘少奇接见掏粪工人时传祥曾讲到的"我们只是社会分工的不一样"的著名语录更能深入人心。

再如，有关反映我国技术工人文化水平的数据表没有从社会需要什么样的技术工人以及相应缺口有多大的角度来呈现数据，因而不能很好地反映当前就业形势的严峻。

如课件中的表二：我国技术工人的技术构成和文化构成

比较一	高级技工	中级技工	初级技工
技术构成	5%	35%	60%
比较二	大专及以上	高中及技校	初中及以上
文化构成	2.6%	29.4%	68%

4. 有些任务的设计比较机械和简单，学生的学习停留于完全重复课本内容的搬迁水平。

例如，教师在组织学生结合课本讨论如何维权的环节，学生基本上都是照搬课本上的句子，没有融入自己的思考和新增超出课本所述之外的新途径。

附课本上明确提及的相关内容：

（1）劳动者：增强权利意识和法律意识，以合法手段、合法程序维护权益。

（2）政府：实施积极的就业政策、多渠道扩大就业的同时，规范和协调劳动关系，依法维护劳动者权益。

（3）用人单位：增强法律意识，严格守法，遵守职业道德，维护劳动者权益。

课堂教学继续改进的建议

1. 精选对相应主题表现力特别强的内容，提高学生在重组课堂内容的学习过程中的兴趣，追求所精选内容给学生带来的震撼。

2. 注意扩大小组合作学习的机会，组织学生针对相关话题的讨论，促进课堂学习动态生成较为丰富的新内容。

二、第二次课改进

课堂发生的积极变化

1. 新增的教学内容得到重新筛选，除继续沿用上次课开发的四项内容（安吉小张的三段故事和大学生擦鞋匠罗福欢的案例）之外，新选了一张特写镌刻无数劳动者姓名的北京"鸟巢"纪念立柱的图片以及某企业侵犯劳动者权益造成严重后果的新闻报道的视频，这样在教学内容的组织上，由上次课大大小小的新增内容11项精减至本次课的7项。

2. 教师针对新增内容的学习注重了启发和引导，使学生通过自己的思考生成了属于自己的理解和认识。

例如，在引入北京"鸟巢"照片并提及上面镌刻有无数位"鸟巢"建设者的姓名时，师生互动生成的片段如下。

师：（指着鸟巢图片旁边两张照片问）"鸟巢"的总设计师和这位工人叫什么名字？

生（众）：不知道。

师：他们的名字连同无数个鸟巢建设者的名字在一个立柱上都一一镌刻了下来。想想是为了什么？

生：纪念他们曾经付出的辛勤劳动。

师：说明他们为社会作出了贡献，他们的劳动有价值。一个是总工程师，一个是普通工人，他们一起出现在"人民的功劳簿"上，又说明了什么？

生：一切劳动都是平等的，无论是脑力劳动还是体力劳动。

生：劳动光荣。

……

3. 某企业新闻报道的视频片段很好地吸引了学生的注意力，激发了他们对维护劳动者权益话题的关注和思考，并在随后教师组织的小组合作学习环节明显表现出积极参与的热情。

问题发现

构成课堂学习内容的材料都是来自于教师，学生参与学习内容建设的作用没有体现；学生在整个学习过程中没有表现出基于各项内容学习基础之上的融会贯通，劳动、就业、维权等相关内容的综合运用缺乏。

原因诊断

1. 执教教师继续沿用第一次课四个板块（劳动为财富之源，就业为民生之本，技能为择业之基，法律为维权之剑）分块组织内容及其学习的模式，课堂教学内容在不同的板块内相对独立。

2. 执教教师在整个内容的学习之后没有设计能够涵盖本课主要概念以及观点的统领性问题或综合性任务来整合所学知识。

3. 教师在本课内容的学习之前没有要求学生针对要学习的内容收集相关的学习材料。

课堂教学进一步改进的建议

1. 在劳动、就业以及劳动者权益维护等方面让学生获取相关的信息内容，加深对相关内容的了解。

2. 设计能够统领本堂课主要知识点及其灵活应用的有趣的学习任务。

三、第三次课提高

课堂发生的积极变化

1. 教师新增了两项学习材料：国务院总理温家宝关于把大学生就业摆在工作首位的一段指导讲话、2010 年"两会"期间有关劳动者权益成为热议的一张网民互动留言网页。前者比较好地反映了政府对于解决大学生就业问题的坚定决心，后者自然吸引了学生对劳动者权益的关注。教师保留了北京鸟巢纪念柱的图片、招聘会上大学生人山人海的照片，以及深圳某公司事件的视频报道，删掉了有关安吉小张就业过程的三个故事。这样课堂的教学共精选材料四项，为学生合作讨论留出了比较充分的时间。

2. 课堂上教师通过学生对新增学习材料的学习，及时组织了小组讨论，随后通过教师的点拨引发了精彩课堂的生成。

例如，在浏览了大学生就业招聘会上人山人海的图片之后，师生互动的片段如下。

师：想想看，当前大学生就业怎么会这么难？

生：现在大学都在扩招，大学生太多了。

师：但是为什么也还有地方要大学生又招不够人？

生：大学生找工作都想当白领，还要选大城市，蓝领也不愿做。

生：大学的培养也有问题，与社会需求脱节。

师：除此之外还有别的原因吗？

生：大学生没有经验，用人单位不愿要。

生：现在的下岗工人再就业更有优势。

……

又如，在如何解决大学生当前就业难的问题环节，教师也是充分调动学生的学习积极性，促进了精彩丰富的课堂生成。课堂教学片段如下。

师：请大家说说如何解决当前大学生就业难的问题。

生：大学生在大学要选择好专业，看社会是否需求。

生：提高自身素质，是金子总会闪光。

生：端正就业态度，从基层做起，先积累经验。

师：除了大学生个人努力之外，还有其他方面的途径吗？

生：鼓励大学生自主创业。

生：银行给大学生提供贷款创业，这样还可以带动新的就业。

生：国家继续加强计划生育政策，控制人口增长规模。

生：国家加强人才培养的力度，做人才强国。

生：扶持企业发展，增加就业。

生：规定提前退休，腾出工作岗位。

师：还有哪些方面可以做？

生：国家大力发展经济，扩大就业。

生：社会形成劳动平等、劳动光荣的风尚。

……

3. 教师对课本材料和新增材料进行了合理的搭配使用，收到了比较好的学习效果。

例如，在学习劳动者权益环节，教师首先让学生学习了课本上有关劳动者权益说明的材料，接下来在看了有关深圳某企业的视频报道之后，随即组织从这一事件寻找该企业侵犯了员工哪些权益的问题解决学习，十分灵活地衔接了两方面材料。

课堂教学仍然存在的不足

1. 学生课前没有经历诸如就业和劳动者权益维护等话题的关注和相关资料的收集，所以在相关话题的讨论过程中主要是依靠教师组织的材料，不能提供更多的信息。

2. 教师未能设计出统领各个板块学习内容的综合性任务，学生缺乏整合整堂课学习内容的锻炼机会。

三次课连续改进呈现的脉络：第一次课，新增内容丰富，板块组合有序，但是学生的主动学习不够，课堂的动态生成不足；第二次课，精简新增内容，突出主体发现，但是学生预学不够，知识综合不足；第三次课，优化材料运用，加大讨论发现，不过预学统整未果，设计仍待创新。

四、形成的共识及结论

通过基于教学内容有效组织的持续探索与反思，研究小组形成了如下阶段的共识与结论。

（一）课堂教学内容有效组织的实践策略

1. 课本已有内容的调整。（1）次序：重组教学内容。课本呈现的内容材料一般都是按知识点的分布配套予以呈现的，教师可以根据学生的实际学习情况，对课本已有的内容材料进行合理的重新组织以便于学生更好地学习和掌握课本上提到的知识点。（2）内容：删减相关内容。同样对于课本上提供的内容材料，教师还可以根据其表现力采取删减的策略，并不一定要全用课本提供的内容材料。

2. 课本之外内容的新增。（1）突出目标达成，开发教学内容。为了使学生对当堂课的学习内容有更好的达成度，教师还需要积极开发新鲜、新颖和表现有力的内容材料，正如三次课上教师开发的安吉小张求职经历的三部曲、鸟巢中刻满普通劳动者名字的立柱、某公司侵犯劳动者权益的新闻报道等。（2）发挥学生作用，共建教学内容。针对某些内容的学习，还可以让学生收集相关的观点与案例，以便在课堂上交流分享，从而丰富学习的过程。

3. 课堂教学内容的融汇。设计综合任务，盘活整课内容。在一堂课学习即将结束的时候应当设计一个综合学习的环节，通过这个环节的学习实现当堂课所有知识的整合与提升，比如，对于"现代劳动者"一课的学习就可以以"怎样做一个合格的现代劳动者?"为题来引发全体学生的思考,而要回答这个问题,就必然会把正确的劳动观念和就业态度以及自觉依法维护劳动者权益等各方面的内容整合起来。

(二) 课本之外新增内容的处理策略

1. 技术。(1) 罗列课本材料,对照课时目标。执教教师要明确当堂课教学的目标,然后仔细分析课本上提供了哪些内容材料,从而对这些材料的作用有一个清楚的判断。(2) 发现弱处缺失,确立新增范畴。如果发现课本提供的材料在促进某知识点的学习方面作用不明显、不突出,就需要教师重新选择内容材料以增强学习效果。

2. 主体。教师与学生共同开发学习内容。课堂教学内容材料的开发应当是双主体,即教师和学生,特别是学生参与课堂学习材料的开发本身就是一个预先学习和提前体验的过程。

3. 标准。(1) 主题性。选择的内容材料一定要有鲜明的主题性,如上述实践探索课上播放的歌曲《幸福在哪里?》一样,学生一听就能够领悟到劳动的意义与价值。(2) 表现力。选择的内容材料在表现要反映的主题思想方面属于最好的选择,如果换成其他内容就会逊色,那么说明现在的选择是最具表现力的。(3) 深刻性。选择的内容材料在表达主题思想时具有发人深省的效果,越分析、越讨论,会发现和收获得更多,就说明这样的内容选择是最佳的。

第五章　实践创新复习课堂的教学

第一节　倾听设计心语

把学过的内容串讲清楚

浙江省安吉县丰食溪中学　吴勇杰

接到要上一堂"文明的起源"复习课后，就开始思考这堂课的设计，首先考虑的是复习的课题与内容，假如还是采用书本的课题，则无法激发起学生的学习兴趣，所以把课题进行了修改，由"文明的起源"改为"探寻文明起源之奥秘"，从而让学生产生一种好奇心，愿意跟着教师的思路来听课。

在确定了课题之后，则着手准备复习课的内容选择。因为本单元主要分为三大块，讲述了文明起源的物质基础、国家管理形式、文化成就，三大块内容自成一个整体，但同时也有一条隐形的线索进行串联，那就是物质基础决定了当时的国家管理形式，从而造就了文化成就。所以在内容选择上，为了体现这条隐形的线索，我就把三块内容融合在一堂课当中，由物质基础讲到国家管理形式，讲到文化成就。

为了让学生对于所学习的内容有所兴趣，我采取了运用同一个情境，慢慢递进的方法，抓住学生的注意，带着以上思考。我设计了第一堂课。

首先出示约翰发给我的邮件，内容是其在四大文明古国的游览经历。对于四大文明古国游览经过的介绍，我特地用红色的字迹，同时让一个学生进行朗读。不同的字迹，让不同的学生朗读，这些安排的目的都是为了让学生在看的过程中发现其中的问题，让他们自觉地说出来，从而使他们有一种成就感，在教师对其进行褒扬的同时，也从侧面反映我的网友约翰的历史知识水平并不好，让学生带着成就感，带着信心进入到解答约翰提出的疑问中去。

紧接着，出示四大文明古国的地图，特意找出它们的位置与所处的流域，同时也出示约翰的第一个问题"四大文明古国为什么都起源于大河流域"。学生看着地图，能比较轻松地找出其中的原因，主要在于地形与气候，关键是河流的作用，从而培养学生看图获取有效信息的能力。设计这样一个疑问的目的也在于让学生懂得文明的起源需要有一定的物质基础，需要有适合的环境才能孕育出文明。由于这个问题的难度系数并不高，学生也较容易回答，所以在时间设置上很短。

然后，在学生头脑中认识了四大文明起源地的环境之后，需要逐渐给学生灌输贫富差距、阶级分化从而促使了国家的形成，因为这些内容的深度和广度都是比较高的，要是详细讲，对于一个中学生来讲，有一定的难度，所以目的在于让学生知道经济的分化，导致了阶级的分化，产生了统治阶级和被统治阶级。为了让学生能更加直观地体会到阶级的分化，我出示了埃及法老修建金字塔的图片，同时让学生来讲解埃及的阶级分化，接着补充印度的种姓制度和中国商朝时期的阶级分化情况。

在这个教学内容上，关键是要学生了解认识统治阶级为了巩固自己的政权、维护自己的统治而采取的措施，要他们认识到这些措施的实质实际上就是维护统治的工具，即所谓的国家机器。在这个环节，我设计的目的则是要使学生能把书本第二课关于国家管理形式的内容进行总结和归纳，同时为了调动学生的积极性与兴趣，让学生以主人公的形式，比如"我是法老，我是商王，我是汉谟拉比"的口吻，讲述自己的施政方略，从而使得学生更愿意讲述，充分调动课堂的气氛。比如扮演法老的学生在阐述的过程中就会谈到自己为了维护自己的统治，"自称是太阳神之子，同时也是军事首领，并兼任宗教领袖，主持祭祀仪式，从而体现出自己拥有至高无上的权威"。在角色扮演的过程中，学生培养了总结归纳知识的能力，锻炼了自己的胆识，学生也能够体会到这些措施实质是统治阶级维护统治的工具。同时也把出示的表格填完了，起到了总结归纳书本知识点的作用，达到了复习的效果。

接着，在讲完了统治阶级为了维护统治而采取的国家管理形式之后，让学生联想，当时的被统治阶级，这些奴隶的生活又是怎样的，让学生感受他们的悲惨。在体会之后，也引导学生进一步认识到，悲惨的奴隶，在巨大的压迫之下，不得不接受统治阶级的统治，在这样一个过程中，创造了当时璀璨的文化。然后出示关于四大文明古国文化成就的表格，让学生以小组讨论的形式，以主人翁的姿态来讲述自己创造的文化，内容包括文字、建筑、医学、算数、天文历法等方面的成绩。比如埃及的象形文字、金字塔、狮身人面像、太阳历、木乃伊，古代巴比伦的楔形文字、太阴历、星期制度，古代中国的甲骨文、青铜器，等等，让学生感受各国不同文化之灿烂的同时，也得出人民群众是历史的创造者这样的历史唯物史观。

在讲述了四大文明古国在一定的物质基础之上，采取了各具特色的国家管理形式，创造了璀璨的文明之后，为了达到升华、拓展的功能。我把古代巴比伦的空中花园进行一个古今大对比，让学生在震撼感慨的同时，进行反思，我们今天应该如何对待文明，从而达到学习历史的目的，那就是以史为鉴的功能。

最后，为了使得整堂课更具有完整性，就把回复约翰一个邮件作为最后的练习，起到了前后呼应的作用，同时也是要求学生把整堂课五个疑惑从物质基础、国家管理形式、文化成就等方面进行概括总结。本堂课从邮件开始，以邮件结束，自成一体。同时五大疑惑内部也是一个整体，从文明物质基础到国家管理形式、文化成就，层层递进，有利于学生构建知识体系。

多和学生一起进行探讨

浙江省安吉县丰食溪中学　吴勇杰

通过第一天的课堂反馈与大家的评价，知道了自己的课问题出在哪些方面。比如复习课不能像新授课这样只是对知识的简单重复，对知识的理解过于僵化，缺乏综合性较强的练习对知识点进行巩固和提升，从而使得复习课失去了最为重要的功能和作用，即对知识点的整合、提升、拓展和巩固迁移；问题的设置不够精细，对于学情的调查不够全面，无法掌握学生的真实学习情况。应该说问题比较多，也比较杂。我想通过一个晚上进行修整，是无法把所有的问题全部解决的，就考虑是否可以挑选其中比较突出的几个问题，加以修改，从而使得自己的课能有所进步。

整堂课分为三个部分，第一个部分还是讲述文明起源的物质基础和自然环境。第二部分通过一个综合性比较强的问题来让学生总结归纳当时的国家管理形式和文化成就，第三部分则是对于今天我们应该如何来对待文明，最后则是通过练习来巩固复习的知识。

首先还是通过邮件的形式来导入，充分调动学生的积极性，然后出示古人类起源图，原始农业畜牧业发展图，最后出示四大文明古国起源图，通过三幅图的运用与比较，让学生在回忆前面所学知识的同时，也体会到，无论是人类的起源、农业畜牧业的发展，还是文明的起源，都需要一个适宜自身发展的环境。比如蓝田人、北京人、山顶洞人等远古人类的生活环境都有着茂密的森林，气候温暖湿润，而最早开始栽培水稻的中国长江流域也是温暖湿润，适合水稻的生长，才有利于人类的生存。所以说无论是人类的进化，还是文明的起源，都需要一个适宜的环境，使其能产生并得以发展。同时人类几百万年的进化过程也为文明的起源创造了良好的条件，打下了良好的基础。

然后通过简短的讲解，把学生的思绪带到阶级社会中去，课件出示这样一段材料。

据《墨子》记载："天子杀殉，众者数百，寡者数十；将军、大夫杀殉，众者数十，寡者数人。"据河南二里头遗址中出土的三十多具夏代殉葬者的骨架看，有的双手呈捆绑状，有的身首异处。殷墟有一座商王大墓，殉葬奴隶达四百多人。据甲骨文记载，商朝后期杀人祭祀的总人数在一万四千人以上。

同时出示考古学家发现的武官村王陵中发现大量商朝时期奴隶殉葬的遗骨。两则材料的运用，目的在于让学生体会人类进入文明时代后奴隶生活的悲惨。紧接着出示一张原始社会的想象图，让学生充分展开想象，描述原始社会人们的吃穿住行用等生活，体会到在当时那种生产力低下的情况下，人们共同生活、共同劳动下"有福同享、有难同当"的感受。两幅反差比较大的图片材料一出示，再引出"在人类由原始社会进入到奴隶社会之后，是进步，还是一种倒退呢？"使得学生开始出现了观点的碰撞，展开了激烈的讨论，学生围绕两个不同的社会形态人们的生活水平、意识形态、文化成就等方面展开讨论。但由于问题设计本身存在很大的漏洞，使得学生只有观点碰撞，而不能通过自己举例说明等形式来支持自己的观点，造成整堂课应该出彩的地方，学生最应该有东西讲、也最希望讲的地方出现了冷场现象，最终只能在教师的讲解下来把这个问题解决，没有起到充分调动学生积极性的作用。

在学生讲到文化成就的同时，为了能让学生认识到四大文明之间存在着一些交流与融合，让学生来进行搜索，目的在于让学生体会到文明不是单一存在的，而是互相之间存在联系。比如学生谈到了佛教的传播，在这一观点出现之后，我先让学生复习关于佛教的一些基础知识，如佛教的诞生地、创始人、创立时间、基本教义等，同时出示了佛教传播到中国以及东亚其他国家之后，不同的宗教寺庙景观，比如中国的寺庙带有古代皇宫的影子，学生思考为什么在中国的寺庙会是这样的样子，通过讨论认识到，原因在于体现佛教世界上至佛祖下至菩萨、罗汉的地位之崇高，能享受中国天子才能拥有的建筑规格。在谈到日本的寺庙为何与中国的寺庙有很多相似的地方时，可以给学生简单介绍日本在古代向中国学习的历史背景，从而体现出中日两国自古以来就是一衣带水的友好邻邦。设计同一宗教景观，在不同地区的不同形象，目的则在于使学生能体会到文化在交融的过程中，与本地区本民族的文化进行了融合，产生了新的文化，这也是文化多元化发展的一个因素。

在讲完了文化的融合，也体会到了历史的进步之后，以古说今，让学生在感受古代巴比伦空中花园在历史发展过程中的古今比较之后，寻找身边关于文明见证的很多东西，学生自然而然会想到身边的文物古迹，围绕着这个线索，视野逐渐缩小，让学生来讲讲我们今天的人应该如何保护身边的这些文物古迹。学生通过讨论，得出了要树立文物保护的意识的结论，并加以宣传。由于学生自身生活经历的不足，使其无法得出更多的结论与举措。

最后在课堂练习的选择上，为了避免比较机械老套的练习题，让学生拥有一定的思维训练，所以选择的练习有一定的情景，这也是现如今出题者比较常用的出题方法——情景题，比如"在古代印度有一户家庭，有着自己的住房，在城市里开着一家棉布店，同时销售自己手工制作的衣服，你认为这户人家属于：（   ）A. 婆罗门　B. 刹帝利　C. 吠舍　D. 首陀罗"。如此设计的目的一方面是为了让学生有一定的积极性，拥有浓厚的兴趣去解答这些题目，另一方面则是为了培养学生的思维能力，需要学生动脑去做题。

让学生体验到快乐充实

浙江省安吉县丰食溪中学　吴勇杰

第三次课，我更加注重学生积极性的激发与课本知识的整合提升，所以在第二堂课的基础之上，在总体思路不变的情况下，对课堂的环节进行了重新布置与设计。

首先出示了两道抢答题。

"这是一种距今约5000年前的器具。它是中国古老文明的珍贵遗产。出土于山东潍坊市，是龙山文化的重要标志。它轻巧精致，制作之精令人惊叹。整个器形可分三段。三个部分由一根细管连接，烧成后不变形，是中国古代制陶技艺顶峰的代表作品"。被誉为"四千年前地球文明最精致之制作"。答案是蛋壳黑陶杯。

这是一位叱咤风云的历史人物。他是一个王朝的最高统治者。他生活在公元前3世纪前后。在他统治时期，国家强盛统一。佛教在他统治时期被定为国教并被广泛传播，答案是阿育王。

题目的题干是逐个出现的，让学生进行抢答，为的就是激起学生那种紧张的感觉，生怕被别人占得先机，先答出来了，失去表现的机会。题目的设计比较新颖，目的是能够激发学生的学习积极性，提高学生学习的兴趣。关于这两道题目的结果，我预设了两种情形，第一种情形是学生无法抢答，要教师出示答案，针对这种情况，我可以指出学生在书本基础知识掌握方面还不够扎实，为我后面进行复习作出合理的解释与铺垫。第二情形则是学生能较快地答出问题，而我就可以给学生一定的鼓励与表扬，让学生带着一种成就感，进入到与教师一起帮助约翰回答疑惑的情景中去。

然后还是出示约翰的邮件，根据前面两种情形的不同回答，教师与学生一起来帮助约翰答疑解惑。课堂内容的第一个重点还是放在了对于文明起源的物质基础知识的总结归纳，有所增加之处则是将四大文明古国的纬度位置进行了明确标示，以便学生能一目了然地看到四大文明古国在纬度位置上比较接近，从而得出在气候（气温）上的相同之处。这样出示两幅图的目的则在于培养学生从图中获得有效信息的能力。让学生自主寻找有效信息，详细讲解文明起源的目的也是为了让学生认识到，认识事物的产生发展都是建立在一定的基础上的。

紧接着出示原始社会与奴隶社会的两段反差比较大的材料与图片。原始社会的想象图，让学生充分想象原始人群在生产生活方面的情形，从而逐渐在学生头脑中形成当时原始人类"共同劳动、共同生活，有福同享、有难同当"的情形，让学生感受到一种和谐之美。而商朝时期奴隶被迫被祭祀或者陪葬的情形，让学生体会到这种残忍的场面。在学生头脑中形成这样两个反差比较大的观念，觉得似乎原始社会更加公平的想法之后，紧接着，我就会追问"从原始社会到奴隶社会的历史进程是一种进步还是一种倒退？"为了让学生的思维有方向，我需要在课本中寻找生产工具、国家管理形式、文化成就等方面的知识点进行举例说明。

学生为了支持自己的观点，需要对课本第一、第二两个单元进行总结归纳，实际上是对学生把凌乱的知识点进行整合能力的一种培养。学生在这样两种碰撞比较激烈的观点指引下，学习的积极性得到了调动，因为学生总希望能够寻找到支持自己观点的知识点。在学生激烈的讨论与辩论的情境下，教师则从生产工具、国家管理形式、文化成就三大方面进行总结和归纳，也给予学生关于"生产力是衡量社会进步与否的标准"的提示，从而得出从原始社会到奴隶社会是历史的一种进步。

这样一个过程，在调动课堂气氛的同时，也让学生回归到课本中去，既有提升，也有落实，既培养了学生的总结归纳能力，也给予学生一定的学习方法的指导，符合复习课的一大要求。

由于学生在回答社会是否进步的过程中，是对原始社会与奴隶社会的比较，没有国别的区分，把四大文明古国的知识点笼统地运用到了证明是否是进步或倒退的观点中去。为了让学生能认识到四大文明古国各自存在的差别，我设计了一个活动，就是让小组讨论扮演角色，举办一次评选"年度最佳统治者"活动，小组合作，撰写竞选演讲稿，推选出一名统治者，上台竞选，谈谈自己在任期间在国家管理、文化发展等方面所取得的成就（例如我是来自埃及的法老，我在任期间……）

这样设计的目的在于让学生能有一种主人翁的姿态，来讲述自己在任期间的成就，有一种自豪感，充分调动学生的学习主动性，从而营造良好课堂气氛，把课堂推到高潮部分。学生在讨论与扮演的过程中，培养了小组之间的合作精神，使学生的口头表达能力都得到了提升，实现了某种意义上真正的素质教育。

最后则是课堂巩固训练，练习题更加注重情境的创设与思维的训练。比如：

1. 中国历史上第一个王朝是：（   ）。

A. 商朝   B. 秦朝   C. 夏朝   D. 西周

2. 考古队在陕西西安郊区发现了一个商朝时期的陵墓，在清理文物过程中（   ）。

①发现大量刻有文字的龟甲兽骨

②刻在龟甲兽骨上的《金刚经》一部

③整齐摆放在棺椁四周的青铜器

④大量散落在墓穴四周的尸骨

A.①②③ B.②③④ C.①③④ D.①②③④

3. 在发掘过程中发现，考古学家推测陵墓下方可能还有蓝田人遗骨化石、半坡人生活遗址、夏朝时期的村落等存在，你觉得考古学家在挖掘过程中，这些文物出土的顺序是怎样的？

这三道题目实际上就是设计了一个考古学家进行考古的情景，层层递进，要求学生由判断朝代到列举朝代文化成就，再综合前一单元所学的知识点进行文物出土的训练。再如：

周杰伦歌曲《爱在西元前》的歌词写道：

"古巴比伦王颁布了汉谟拉比法典，刻在黑色的玄武岩，距今已经多年，……思念像＿＿＿＿＿＿河般的漫延，当古文明只剩下难解的语言，传说就成了永垂不朽的诗篇，我给你的爱写在西元前，深埋在平原，几十个世纪后出土发现泥板上的字迹依然清晰可见。用文字刻下了永远那已风化千年的誓言……"

据此回答下列问题：

（1）请你以所学知识帮助补全歌词。

（2）现在我们要开通一列文化旅游专列直通车，想请你做导游，你能给我们介绍一下古巴比伦的文化成就吗？

（3）右图这一刻在黑色的玄武岩上的《汉谟拉比法典》石柱，今天能在巴黎卢浮宫看到，你能用一句话述它的历史地位吗？

这道题目贴近学生的生活，加入了流行歌曲的元素，把学生的兴趣充分地调动起来了，学生都会争先恐后地加入到回答这一题的过程中来，同时这题的设计也是由浅入深、层层推进，有利于基础知识的巩固与提升，有利于思维的训练。

图 5-1

这些题目的设计目的都是为了让学生更有兴趣参与到课堂训练中来，既巩固了课堂的知识，也培养了学生学习历史知识的兴趣，改变了以往死记硬背枯燥的历史，整堂课在抢答中开始，在抢答中结束，让学生在快乐中学习历史。

第二节　回放教学全程

第一次课："文明的起源"课堂实录

执教教师：浙江省安吉县丰食溪中学　吴勇杰

师：前几天吴老师收到了一封特殊的电子邮件，一位与大家年龄相仿的网友约翰，利用暑假参加了"探寻世界古文明之旅"夏令营活动。在参观思考过程中，有很多不解之处，希望我能给他讲解。大家想不想与吴老师一起来帮帮他呢？

生：想。

师：请一位眼睛好的同学把它读一遍。（出示邮件）

　　（一名学生朗读）

　　（教师微笑着观察全班学生的表现，在学生朗读过程中，教师加以解读）

　　（学生仍然在朗读）

师：这是邮件的一段，同学细心读过后，会发现约翰到不同国家旅游了一番。

生：这个邮件有错误。

师：怎么会有错误呢？

生：埃及不是在两河流域。（学生上台指出这个邮件的错误地方）

师：还有吗？

生：埃及在尼罗河流域。

师：约翰有一个疑惑：四大文明为何产生于大江大河流域？你能帮助他解惑吗？

　　（学生讨论）

师：以地形、气候等自然环境因素的影响来进行分析。［板书：自然环境（地形、气候）］

　　（学生继续讨论）

师：谁来讲一讲？

生：人类文明的起源，都有水源。

师：水是生命之源。人类早期的栖息地都是围绕在水源旁边。地形是什么？看一下（展示图）都处于哪些地形呢？高原？平原？山地？丘陵？

生：平原。

师：平原、丘陵地带；气候看一下，发现这几个文明古国都处于一个什么带？温带是不是？气候比较宜人，适合早期农业的发展。所以由于农业、手工业、商业的发展，人们过上了富足的生活。（板书）

师：约翰在博物馆也看到了（展示图片），他又发现了第二个问题，原本得天独厚的自然环境为人们生产、生活提供了优越的物质基础。那么这些人和他们的祖先相比较，为什么没有感到幸福？

　　（学生思考中）

师：为什么不幸福呢？我们不妨来看几张照片。（展示图片）

师生：这是金字塔、狮身人面像、木乃伊。

师：金字塔是谁的坟墓？

生：法老。

师：谁给他造？

生：奴隶。

师：奴隶给他建造金字塔，特别是其中的胡夫金字塔。10万人整整用了30年时间来建造它。为什么要给法老建金字塔？因为当时已经产生了什么？

生：阶级。

师：谁来讲？你来讲一讲。

生：当时产生了统治阶级。

师：你是怎么来理解的？

生：呃……

师：谁来帮助他？

师：×××来帮助他。

生：因为当时产生了统治阶级和被统治阶级。

师：出现了阶级的分化。

师：阶级分化（板书）。老师来给大家解释一下。随着手工业、商业的发展，出现了贫富差距，有的人过着富足的生活，而有的人过着贫

173

穷的生活。他们的经济地位决定了政治地位。第二个是部落首领带着部落南征北战，当他们打败了一个部落之后，失败的部落也就成了他们的奴隶。所以就产生了阶级。

师：哪两个阶级呐？

生：统治阶级和被统治阶级。

师：统治阶级、被统治阶级。（板书）

师：假如你是当时的统治阶级或者被统治阶级，摆在你面前的有哪些事情？首先我们来当一回统治阶级。你们看（展示图片），等一下，我们不妨来举两个例子，埃及和印度，两个国家的阶级分化，来完成这张表格。（幻灯片展示）

师：接下来完成这张表格。（教师巡视）

师：你来给我讲讲看，在金字塔的最顶端，你觉得应该是哪一个阶级？

生1：国王。（生思考后回答）

师：（教师提示）埃及的。有没有不同的表达？你来讲。（左手指向后一学生2示意回答，右手示意生1坐下）

生2：最上面应该是统治阶层的。

师：统治阶层，在埃及是哪些人呢？

生2：王室、贵族、僧侣。

师：好，那第二个等级呢？

生2：自由民：工匠和农民。

师：最底层的呢，就是……

生（齐答）：奴隶。

师：最高的是统治阶级，下面两个是被统治阶级。（边讲解边出示幻灯片）好，很好！请坐。（生2坐下）

师：这是古代埃及的。（边讲解边指示幻灯片）那我们来看一下，古代印度呢？认识么？

生（齐答）：认识。

师：谁来给我讲一讲。（教师目光扫视全体学生）

生：婆罗门，第一个是婆罗门，第二个是刹帝利，第三个是吠舍，第四个是首陀罗。

师：很好！请坐！（示意学生坐下）讲得好不好？

生（齐答）：好。

师：前面两个是统治阶级，下面两个则是被统治阶级。

（学生同时跟着教师的表述应和）

师：现在摆在统治阶级面前的，有一个问题要研究，那就是如何来实现他的有效统治。（教师切换幻灯片）我们换张图看，约翰怎么会有这样的疑惑？

（学生思考）

师：我想这样的场景在电视当中经常会看到，那就产生问题了，当时这些统治者，采取了哪些措施使得下面的这些臣民如此地俯首帖耳。刚才发给你们一张导学稿对不对？上面有两张表格，第一张表格有没有找到。请大家以小组讨论的形式完成这张表格，要求待会儿请同学汇报，以第一人称的形式，比如我是法老，我怎样做，从而实现自己的有效统治。让大家也来当回国王。

（学生开始准备展开小组讨论，合作探究）

师：你们这两组讨论古埃及，你们这两组讨论商朝、商王，你们这两组讨论这个印度的，好哇，印度的，你们这两组讨论古代巴比伦，国王做了哪些事情。（走到学生中进行学习任务分工）

（生小组讨论，教师在小组间巡视，不时参与到不同的小组讨论中，并补板书：城市景观、王权神圣、等级分化、军队刑罚）

师：好，我们请同学们来，当一回国王、法老看，你们这儿，推荐谁来做法老？谁来当当法老？（同时在两个任务组之间来回巡视，等待学生回答）

师：谁来当法老？×××，看你长得像法老。（生笑）

生：我是埃及的法老，统一是在公元前3500年，有统治阶级和被统治阶级，我们的刑法是……（生卡住）

师：听了半天，也没听出你采取了哪些措施来维护自己的统治，如你的城市出现了哪些建筑物来维护自己的权威？你要说这些，明白没有？

生：我生前要建金字塔，如果我死了……（生笑）

师：好，我再推荐一个。你来讲讲。（指向某一学生）

生：我是古埃及的法老……（语音模糊）

师：（又指向另一学生）你来说说。

生：我是埃及的法老……（语音模糊）

师：刚才两位同学给我们简单地介绍了埃及法老在维护统治时采取的一些措施。

（走上讲台，打开课件填表格）这是埃及。

师：巴比伦，谁来讲讲，当一回汉谟拉比？××，你想当吗？

生：我是古巴比伦国王汉谟拉比，我在乌尔城建造了宫殿。我还建造了一个空中花园，我把王公贵族封为统治阶级，把平民、奴隶封为被统治阶级。我还创立了《汉谟拉比法典》。

师：好，很好，请坐。讲得比较完整。

（走上讲台，填好课件上的表格）

师：你们这两组呢？谁来当一下商王？

生：我是商王，我建造了二里头宫殿。

师：他建造了二里头宫殿？

生：我是天子，所有人都要臣服在我的脚下。我把社会划分为帝王、贵族、平民和奴隶。刑法有割鼻、斩首、活埋、断足。军队有步兵、车兵、弓箭部队。

师：有一个地方我要纠正一下，二里头遗址不是商朝的，而是夏朝的。商王自称天子，建立了自己的军队，颁布了自己的刑法。

（师走上讲台，填好课件表格）

师：印度，其实课本上没有讲到印度的措施，那我们就不多讲了，仅作了解。

（师填好课件表格）

师：通过这张表格我们基本上对那个时期的政治、活动以及一些政治制度有所了解。应该说统治阶级为了维护他的统治而采取的措施非常严密。而这里所了解到的都成为他们维护统治的工具。而作为被统治阶级呢？他们面对这样沉重的被天子统治的压力，创造了许许多多的文化成就。你能说说这些文化成就吗？

师：而作为被统治阶级呢？（打开课件，显示约翰的疑惑四）他们面对这样一些沉重的被统治的压力，他们发挥了怎样的聪明才智，创造了许许多多的文化成就，谁能够讲讲他们所取得的文化成就，花一定的时间完成课本的第二张表格。

（学生开始小组讨论）

师：小组讨论完成第二张表格。

（巡视教室，走近各小组查看讨论情况。板书：文字　工艺　科技　天文历法）

师：（走下讲台提示）还是以刚才的一种分组形式，自己代表的是哪一个国家？

师：好，我们来看一下，谁能自告奋勇地来讲一讲？（打开课件表格，指明学生回答）

生：古埃及、金字塔、狮身人面像。

师：按顺序，先来讲讲古中国的科技与文化成就。（点后面两组学生中的一名学生回答）

生：甲骨文、青铜器文明。

师：青铜时期有什么著名的鼎？

生：司母戊大方鼎。

师：刚才是古代中国的，现在我们来看古印度的。

师：古代印度谁来讲讲看？你们这两组同学，古代印度呢？

生：阿拉伯数字。

师：阿拉伯数字，为什么印度发明的，却叫阿拉伯数字？

生：因为阿拉伯人传到了欧洲。还有补充的吗？要是没有，请坐。其他同学再想一想，这位女生。

生：还有一些通用计数法。

师：通用的计数法，所以，古印度人在算术方面取得了成就，古代巴比伦人呢？巴比伦人干了什么事情？

（学生看书）

师：你来讲讲看。

生：古巴比伦人发明了楔形文字，他们的建筑成就是空中花园，他们的技术是建筑技术，还有刚才佛教没有讲到，古印度的。

师：古巴比伦是楔形文字，建筑是空中花园，科学技术方面则是发明了太阴历。古代埃及方面，刚才我们已经分析过了，文字是象形文字，建筑是金字塔、狮身人面像，科技方面是太阳历、圆周率、几何学、医学。这也不难理解，因为他们建造金字塔如此庞大的建筑物需要几何学、算术等方面有突出之处。而要制作木乃伊，则需要在解剖学等医学方面取得一定成就。正因为这些文明是我们的被统治阶级，这些劳动人民创造出的灿烂文化，所以我们得出怎样一个结论呢？

师生：人民群众是历史的创造者。

师：刚才，我们已经基本把统治阶级与被统治阶级在文明起源时期所做的一些活动基本上讲出来了。我们知道今天无论是空中花园、青铜文明，是否还存在？空中花园呢？看张图片，（展示图片）这是空中花园，你知道现在怎么样了吗？你想知道吗？

生：想。

（展示空中花园现在的图片）

生：啊？

师：空中花园在今天怎么了？

生：毁灭了。

师：变成一片废墟了，你们看到很惊讶，约翰看到了也比较惊讶，所以他提出了第五个疑惑（展示幻灯片，约翰的疑惑五），曾经的空中花园，如今在战火中变成一片废墟，这给我们什么启示？对于曾经的文明，我们应该怎么做？小组之间讨论一下。

（六人小组讨论）

师：（巡视）讨论一下，我们该怎么做？

（学生继续讨论，教师巡视）

师：请同学讲讲看，现代文明发展与古代文明的一种碰撞，我们该怎么做？是为了顾全现在的发展这样一个前提，对以前的文明全部否定掉？现实生活中，有没有什么文物古迹遭到破坏呢？

生：我们既要适当的发展，也要保护文明。

师：能否达到相互平衡？

生：能。

师：为什么现实生活中还有不和谐因素存在？

生：素质不好。

师：素质不好，没有那种意识，所以我们应该怎样，要有怎样的一种意识？

生：要保护文明，呼吁大家意识到保护文明的重要性。

师：很好，请坐。我们要学会在现在发展中保护祖先留给我们的文明，不光是为了保护而保护。有些文明我们现在还在用，比如说我们平时所写的什么文字？

生：数字。

师：数字，几何学，这是先人留给我们的宝贵遗产，需要我们去继承和发扬。今天这堂课约翰的五个问题，我们基本上已经在大家合作、努力下很好地解决了。过两天呢，这封邮件肯定是要回的，不知道通过这节课的学习，你能不能帮我回一封呢？这封邮件吴老师就不回了，交给大家了。我希望在这个邮箱里（图片），看到你们的邮件。好，这堂课就到这里，下课。

生：老师再见。

第二次课："文明的起源"课堂实录

执教教师：浙江省安吉县丰食溪中学　吴勇杰

师：今天老师很高兴到 6 班来上课，老师对你们既感到熟悉又感到陌生，因为我的办公室就在你们班隔壁。前几天老师收到了约翰的一个邮件，说他暑假去了几个地方玩。同学们，你们想知道约翰都去了哪里吗？

生：美国。

师：约翰去了埃及、伊拉克等文明古国。同学们，刚巧我们也学到了这一内容，我们一起去看一看约翰去的情况，好不好。

生：好。

师：（幻灯片出示邮件的内容）看得见吗？请一位同学帮助读一下。

（学生朗读）

师：请坐。很好。约翰参观后感到有一些疑惑，不知道同学们你们看了这个邮件后有疑惑吗？

生：有。

师：接下来我们看几张地图。（图一：文明的起源地。图二：世界农业分布图。图三：文明古国图。）同学们在课本上找一找，在课本的第几页。

生：在教材的第 6 页、第 10 页、第 28 页。

师：文明的发源地是不是与文明古国一样集中在古亚洲，都有古文明分布，都在这四个地方出现？

师：看了约翰的邮件，他的疑惑一是：为什么四大文明产生于大江大河流域？请同学们对照导学稿讨论一下。

（学生讨论）

师：从环境选择、生活变化上去分析。

（学生回答）

师：问一下，远古人以什么为生？

生：采集、狩猎。

师：他们要求高不高？

生：不高。

师：他们的食物怎样来的？

生：种植、养牲畜。

师：在什么地方种？是不是任何地方都可以？怎样适合发展？什么地方适宜？怎样的地方适合农业发展？

生：水源丰富、土壤肥沃、气候温暖湿润。

师：结合前三张图，哪些地方适合原始农业、畜牧业的发展？

生：亚洲、非洲北部、南美。

师：与四大文明古国相吻合，这四个地方适合发展农业、畜牧业，为文明的创造奠定了物质基础。（板书：自然环境）人类由此进入农业时代。

师：物质基础。（板书）

师：展示材料。

（学生阅读材料，讨论中）

师：很好，请问这段材料反映了我们商朝时期什么情况？

生：陪葬。

师：谁陪葬？

生：奴隶。

师：悲惨不悲惨？

生：悲惨。

师：展示图，想象一下当时的生活。

（学生讨论想象"人类社会想象图"）

（教师来回巡视，观察课堂，之后教师板书：文明　国家）

师：好，讨论好了。我要请同学来讲讲看，就你发挥想象之后所得出的结果，跟大家分享一下。

生1：他们的生活很和睦，丰衣足食。

师：你能给我解释一下么？结合我们第一单元所学的知识。

生1：因为他们靠狩猎，那个人手上拎着两个，呃，就是说手上拎着食物，他们也穿上衣服了，然后……（生1沉默）

师：反正你的意思就是觉得他们过得很幸福，也有吃的，也有住的，住么大家一起群居，对不对？或者说，发展到后来，在氏族这样一个组织里面，按着长幼有序，生活在这个山洞里面。我们举个例子看。

生1：那个山顶洞人。

师：山顶洞人也好，北京人也好。请坐。（手拍生1肩膀，示意坐下）他们又有吃又有穿又有住，生活得很幸福。（师走回至讲台）但是，前面的材料给我们的感觉是不是也都幸福？

生：（齐答）不幸福。（其中一生站立回答）

师：对于约翰提出的第二个问题，人类进入了文明之后，随着有了阶级的分化，出现了国家，统治者为了维护自己的统治采取了一系列措施。从刚才的那个场景的描绘当中，我们可以感受到人们过得不幸福。这是一种历史的倒退还是一种进步？

　　（学生思考）

师：你觉得是进步还是倒退，假如说你不知道答案，可以从这些方面来思考，待会来谈谈你的看法。（师指示幻灯片"疑惑二"的提示之处）请小组合作完成刚才所发的那张导学稿。

　　（学生激烈而自主地进行组内讨论）

　　（师组间巡回，不时地参与到学生的组内讨论中去）

师：好，大家讨论得差不多了，那么，我想请同学呢来讲一讲你们讨论的结果。你支持哪种观点？可以自告奋勇地来讲讲看。（等待片刻）要是没人老师来点名了，好，你来说。（手势示意一生回答）

生：我觉得是进步，从生产工具上来讲，打制石器到磨制石器；然后，政治上也是进步的，制定刑罚，建立军队，军队的建立，加强了国家的统治力度，用来维护那个社会秩序；然后，文化的话，他们发明了文字，还有一定的宗教意识和审美能力。

师：他回答得好不好？

生（齐答）：好！

师：很好，请坐，我们要不要给他点鼓励？（师生齐鼓掌给予鼓励）他从生产工具、国家权力对维护国家的稳定等各方面给我们阐述了这是一种进步。有没有不同答案，说它是倒退的？（学生无反应）生活得如此悲惨，自己的人身自由都没有，很奴隶。（师来回不断提示）有没有补充呢？刚才这位同学从生产工具——原始社会的生产工具主要是什么石器啊？打制石器和磨制石器。（个别学生附和）到了文明时代，出现了金属，利用金属就出现了金属的工具，这是在生产工具方面的进步。正因为生产工具进步了，人们的什么能力得到了提高？

生（齐答）：生产能力。

师：劳动生产力得到提高，所以从这个方面我们可以看到它是一种进步。好，我们看第二个方面，从政治管理的制度，刚才他呢笼统地给我们讲了一些，讲了国家的统治啊、维护了社会的秩序，你能给我举举例子吗？当时那个年代有哪些国家管理的手段、措施？

（学生讨论）

师：书上翻一翻，给你们两分钟时间，归纳一下，我要请同学给我来讲一下四大文明地理区域：古埃及、古巴比伦、古印度、古中国。

（学生讨论，师巡视。补板书：国家管理制度）

（学生继续讨论中）

师：好，请同学们讲讲，几个文明古国中，它们在国家出现后的管理手段到底有哪些？（巡视，指定一组）你们这组来说说。

生：古印度有种姓制度，古巴比伦有《汉谟拉比法典》，中国商朝有刑罚。

师：我们再来探讨探讨管理手段的内容。把书翻到《汉谟拉比法典》，通过新课学习，我们已经认识到它代表的是奴隶主的利益，是少数人统治社会的工具。对大多数奴隶来说是一种不公平。那么，进步体现在哪里？（生沉默，师进一步启发）它到底是不是进步？思考一下。（边启发）

它造成了社会的不公平，这能叫做进步吗？刚才我们从生产工具上，政治制度上体会到了当时的统治阶级对奴隶通过军队、酷刑对他们进行统治，在当时的年代，他们创造了什么文化？（师进一步启发）谁创造了文化？谁创造了如此灿烂的文化？（沉默）

是奴隶主吗？

生（齐答）：不是。

师：是统治阶级还是被统治阶级？假如在原始社会，还会创造如此灿烂的文化吗？为什么？（师进一步启发）为什么在不公平的情况下产生了这种情况呢？

衡量一个社会进步的标准是这个地区经济是否发展，生产力是否发展。其实刚才我们已经有一个地方体现了经济发展，哪个地方呢？我们再来看看文化有哪些进步？与原始社会相比，当时有哪些文化？

（学生思考，讨论中）

师：当时有哪些灿烂的文化？

生1：文字的产生。（点名回答）

师：文字的产生是文明的一个重要标志。

生2：认识了解剖学。（师生一起回答）

师：他们认识了解剖学的一些知识。

生2：制造木乃伊。

师：为谁制造木乃伊？

生2：法老。

师：他们为什么给法老制造木乃伊？法老算是一个什么呢？

生2：统治阶级。

师：正因为统治者对他们的一种统治，所以迫使他们自觉或者不自觉被迫地去进行创造、生产，从而促进了社会文化的发展。所以我们说这样被迫地进行生产，从情感上可能是不自愿的，但从历史发展过程看它推动了整个社会的进步；虽然统治者用的手段残暴，但从人类整个社会发展来看，这个时期生产力发展创造出来的文化得到了大繁荣。从这样的分析我们感受到社会是进步还是退步？

师生齐答：进步。

师：（打开课件"疑惑三"）刚才我们谈到了文化的繁荣，四个地方的文化像花一样开放，那它们互相之间有没有交流之处？

（学生小组讨论）

（教师巡视学生讨论情况）

师：我要请同学讲讲看，有没有交流？（指名学生回答）

生：有点，它们的佛教，印度的佛教传播到中国。

师：时间能给大家介绍一下吗？

师：公元前后。

师：又从中国传到哪里？

生：传到朝鲜、日本。

师：佛教传播是否一成不变，是简单复制？

（师展示图片：中国、日本、印度三国的寺庙）

师：你看了有没有发现，是怎样的？

（学生思考）

师：思考一下（巡视），你觉得一样吗，印度的佛教传到中国？

生：不一样。

师：差不多吗？看了中国的寺庙和寺庙建筑很像……？

生：宫殿。

师：文化在传播过程中往往和本地文化相交融，这种情况对今天有影响吗，你还能讲讲吗？

（学生思考）

师：有没有？举例子，比如阿拉伯数字，谁发明的？

生：古代印度人。

师：为什么叫阿拉伯数字？

师生：阿拉伯人传到欧洲的。

师：所以古代文明对今天有很多影响。

师（展示图片）：这是空中花园的想象图片，你想知道今天是什么样子吗？（展示今天的空中花园图）从这张照片中你能看出我们是怎样做的？设想一下，这是自然原因，还是人为的？这其中有自然的原因，但更多的，是什么？

生：人为的。

师：我们身边还有没有？请一个同学来讲讲，有没有？

师：既然大家没有发现，不妨课后通过上网去找一找。（有学生在下面小声说）

师：好，我们不妨在下课的时候去上网，或者去探寻，去找一找，亲自去探寻一下。既然我们说对这种文明的遗产不应该任意地让它消失在历史的长河中，那么我们应该怎么做呢？我们的行动应该是怎么样的呢？我们应该有什么行动？好，我们讨论一下，我们应该有什么行动？

（学生讨论，教师巡回观看学生讨论，同时指导）

师：好，请那位同学讲讲看。

生：（读课文中的一段话）

师：好，请坐。很好啊，我也受惠。我们要从什么方面保护文物古迹的什么？重视程度、政策、资金、人力、物力资源进行保护。对不对？下面有四点建议，大家来看一看。好，今天我们这堂课呢是对四大文明古国知识的复习，使以上的问题得到解决，我们有没有收获？有没有点收获？

生：有。

师：既然有收获，我们就来试一试。（展示习题一）第一题，自告奋勇。

生：C。

师：第二题，是哪个？

生：C。

师：（展示习题三）

生：A。

师：（展示习题四）

生：B。

师：那个应该是？

生：C。

师：1、3、4第二种呢？文字是统治者受到指示创造的，他认为，这是谁创造的呢？是统治者？你觉得是谁创造的？

生：劳动人民。

师：下层劳动人民在实践过程当中得到的经验总结所产生的文字。（接着展示习题五）

生：2、3、4。

师：跟上面一样的道理，那句话把哪个去掉？

生：1。

师：人类只有在适应自然、遵守自然规律前提下，才能去改造自然，接下来呢，大家花一定的时间仔细地看材料。

（学生看材料，讨论）

师：由于时间的关系，我们这节课就讲到这里，下课。

第三次课："文明的起源"课堂实录

执教教师：浙江省安吉县丰食溪中学　吴勇杰

师：前一段时间我们学习了文明的起源这一内容。现在看我们的同学掌握得怎样？考一考大家行不行？

生：行。

师：（出示问题）这是抢答题，猜出来了吗？抓紧时间，动动脑筋想一想，这到底是什么？

生：蛋壳黑陶杯。

师：猜一猜他是谁？

生：阿育王。

师：是不是？

生：是。

师：前几天老师我收到了约翰的一个邮件，说他暑假去了几个地方玩。同学们你们想知道约翰都去了哪里吗？

生：想。

师：他去了四大文明古国。

师：（出示四大文明古国图）同学们在地图上找一找它们都在哪里？

师：都在大河流域。

师：都分布在大江大河的两岸。

师：看了约翰的邮件，他的疑惑一是：为什么四大文明产生于大江大河流域？请同学们对照导学稿讨论一下。

（学生讨论）

师：请讲一点或两点都可以。请举手。

生：水源丰富、土壤肥沃、气候湿润。

师：很好，请坐。从环境选择、生活变化等不同角度来看一下我出示的答案。（板书：自然环境——文明）

师：看图，这是人类进入文明的两幅图，这是约翰在博物馆看到的，你看了后有什么感想？他们生活怎样？

生：悲惨。

师：你从哪里看出悲惨？

生：当时出现了等级制度、贫富分化。奴隶的命运很悲惨。

师：奴隶的命运，掌握在奴隶主手中。

师：这是原始社会人类的对照图，想象一下人类的生活怎样？衣、食、住、行。

　　（学生小组讨论中）

师：大家讨论好了。大家讲讲人类生活怎样？

生：艰辛。房子住的是茅草房。

师：有没有补充？

生：靠打猎为生，一起去打猎。

师：有福同享、有难同当。有没有补充？活得很自由。

师：自由自在。平等生活。而前面的场景是奴隶生活得非常悲惨。

师：那我们就有问题了。人类由原始社会发展到奴隶社会。这是社会的进步还是倒退？如何理解？

生：（疑惑中）

师：从下面几个角度来看。生产工具、社会管理手段、文化成就等方面来举例说明。

　　（学生小组合作讨论）

师：

板书：文明 $\begin{cases} 生产工具 \\ 国家管理，师组间巡回、观察，并参与学生的组内讨论 \\ 文化成就 \end{cases}$

师：好，我们讨论得应该说差不多了，我要请同学来发表一下你的意见，有谁自告奋勇来讲讲看。我们常说人类历史是向前发展的，后一个阶段基本上比前一个阶段要进步。但是，我们今天却……（教师示意）有没有同学来解释解释。

生1：人类从之前的打制石器到磨制石器，然后到青铜时期又步入了犁耕时代，这是进步的。后来是设定了九州，铸造了九鼎，有了监狱、刑罚，还有军队，这是进步的。但是，从人人平等有自由权到后来奴隶受奴隶主压迫，这是退步的。后来，从没有文字到有象形文字、甲骨文、楔形文字，这都是进步的。

师：很好！（用手示意学生坐下）这个同学刚才给我们讲得很好哦，她从生产工具的改进到国家管理手段的一种改进到文化成就都分析得比较好，比较多，这个呢我们可以通过一些照片来看看。当国家产生之后，进入阶级产生之后呢，课本上也给我们谈到了：国家的管理手段，由原来的原始社会就有的一个什么制啊？原始社会我们前面单元说的什么制啊？尧舜禹时期的……

生（齐答）：禅让制。

师：再往前推的时候有……

生（齐答）：氏族。

师：有氏族，或者说有群居有氏族，到禅让制再到……

生（齐答）：世袭制。

师：世袭制，然后呢？作为国家统治者，他要开创性地创造很多管理国家的手段。比如说汉谟拉比，他创立了什么？

生（齐答）：《汉谟拉比法典》。

师：用法律的手段来管理国家。（生应和）再比如说中国的商朝时期，前面一些照片我们已经看到，商王采用什么手段来管理。

生（齐答）：刑罚。

师：刑罚、监狱。所以我们说从生产工具、国家管理手段以及文化成就来讲（暂停，教师切换幻灯片，然后指着幻灯片讲解），比如刚才那个同学谈到的有古代埃及的象形文字，古代巴比伦的楔形文字和中国的甲骨文，除了这些文化成就之外，还有什么呀？请你们来给我讲讲看，这四大文明古国在文化其他领域有没有进步？

师：（一生举手）你来讲。（师做请手势）

生1：古代印度还有图画文字。

师：图画文字？就是课本前面讲到的一些刻画符号，就是符号文字？那么这些文字是象形文字之前的一种过渡时期，我们当时还不能把它作为一种真正意义上的文字。请坐，（师示意生1坐下）其实印度应该是梵文。你来讲。（请另一学生）

生2：原始时代是用兽皮和树皮当衣服，而到奴隶时代他们用布做衣服。

师：生活方面的。生活水平的上升，体现了生产力的一种发展，是不是啊？好，刚才他讲到了人们的生活。（示意生2坐下）好的，她还

要讲。（请生3）

生3：古代埃及人发明了太阳历，古巴比伦人发明了太阴历，然后埃及人的解剖学，然后，印度人发明了阿拉伯数字。

师：刚才我们从埃及的历法等各方面来介绍了当时的文化层次，还有人补充吗？你要补充？（请生4）

生4：印度还创立了佛教。

师：思想领域。（示意生4坐下）所以，（转身走到讲台，指板书）通过这三个方面的分析，我们觉得，人类是朝着一个怎样的轨迹发展的。（生齐答：进步。师板书：进步）但是我们又如何来解释刚才那些现象呢？（生沉默）衡量一个社会是进步还是倒退是以什么作为标准呢？（生沉默）是不是只看到它有公平或不公平，有不公平的制度就是倒退？（生齐答：不是）刚才我们三位同学讲到了人民生活水平的提高，又讲到了生产工具的进步，又谈到了文化的大发展，所以我们衡量一个社会是否是进步的，主要是从它经济、文化等领域的成就来衡量，希望大家学习其他历史时代的时候也带着这样的一个标准来衡量这个社会是进步的还是倒退的。（转身回讲台看多媒体）那么刚才呢大家通过讨论得出了（指向板书）人类文明起源较前一个阶段呢是一种进步的表现，在分析的过程当中大家很笼统地把四大文明古国的这些知识罗列在了一起。接下来呢，（多媒体展示）约翰有了第三个问题，他在参观这个博物馆当中，发现四大文明古国在国家管理、文化层次方面各具特色，那具体表现在哪些方面呢，他又说不出个所以然来。所以接下去有一个活动，请大家把导学稿拿出来。（生取出导学稿，师分工）这两组我们待会儿推选出一位商王，在中国的统治阶层，你来阐述一下在你任期里面取得了哪些成就；（换到另两组）你们呢，是古代巴比伦——汉谟拉比；（走向另两组）而你们是古代埃及，讨论一下；（手指向最后一组）而你们是古代印度，带着这些问题呢，到书本上寻找知识。

（学生热烈讨论）

师：首先，给这位同学戴上王冠，让他阐述他任期内取得的成就。

（生走上讲台）

生：我是中国商王，在商王朝我有至高无上的权力，我有强大的军队，军队有完善的装备，军队中有步兵、车兵和弓箭部队，并且还有战车和车马坑，率领他们的是大将妇好，她是我的妻子。（生走下讲台）

师：掌声鼓励一下。（学生鼓掌）文化方面的成就，他没讲到，谁来说说。

生：最早的文字是从甲骨文开始的。

师：谁还有补充的吗？（没人回答）最大的鼎是什么？

生：司母戊鼎，大方鼎。

师：好，留给下面几个统治者来讲讲。

生：我是天神和地神的宠人，我的王来自于神的授予，我有着至高无上的王权。此外，我还是"巴比伦之王"和"世界四方之王"，我创造了《汉谟拉比法典》，我还创造了令世人叹为观止的世界七大奇迹之一"空中花园"。我所统治的两河流域的人们由于通过观察月亮圆缺的变化规律，编制了太阴历，从星期天到星期六，分别是太阳神，月神……我在位四十年间，使巴比伦成为了一个强盛的国家。

师：很了不起的一个女国王！你们这儿谁来当法老。

生：我是埃及的法老，我是太阳神之子，我有无上的权力。我和大小贵族有很多奴隶，奴隶毫无人身自由，是社会的最底层，是我俘虏所获得的，经常被国王和贵族用于赏赐和买卖。在我的统治下埃及的文明有了很大的发展，我们埃及人民建立宏伟的金字塔，我们认为只要灵魂不死，就能得到永生，在制作木乃伊的过程中我们掌握了高超的防腐、解剖技术，从我们的母亲河尼罗河的规律中，我们发明了太阳历。我们埃及是个多神教的国家，每个城市或地区都有本地尊奉的神，其中阿蒙神是我们王国的守护神。

师：你们的法老很详细地介绍了在位期间在自己国家的管理知识。你们最后一组呢？

生：我是来自印度的法老，在我的领导下，我的国家越发繁荣，由我创立的佛教在我的领导下也得到了很大的发展，并开始向外传播，并且你们现在所运用的包括零在内的 10 个数字符号，都广为流传。在我国流域，有一座城镇，其中摩亨佐达罗城，规模庞大，当然我们还有一种严格的社会等级制度，这种种姓制度的实质是维护奴隶主统治的工具。我国人民早已学会修筑堤坝，引水灌溉农田，种植棉花，农业十分发达，所以选我吧！

师：有一个地方要纠正一下，古代印度的是法老？还是？

生：应该是国王。

师：对，不是法老，是国王，古埃及的才是法老。刚才很多同学扮演了很多角色，都很精彩，至于谁才是最有魅力的，大家课后可以通过投票来表决。在高度文明发展的背景下，也存在着一些不和谐的因素，谁来举举例，有没有不和谐的地方？

生：有。

师：人类的作用，从适应自然到改造自然，有没有不和谐的地方？小组讨论一下，一分钟。

（学生讨论）

师：在你们的身边，可以找找。

（学生继续讨论）

师：有没有不和谐的因素？好，叫一个同学来讲讲，你身边有不和谐的现象吗？

生：蓝田人。

师：蓝田人，为什么呢？

生：因为蓝田人以木材为燃料，大兴土木，造成森林资源减少，水土流失，河流堵塞。

师：她讲的是蓝田人，但我们讲的是现在的，谁来讲讲？

生：今天的环境污染，比如乱扔垃圾，乱排废水。

师：乱扔垃圾，乱排废水，那我们该确立怎样一种意识呢？既然你们已经认识到不和谐，那么我们应该有怎样一种意识呢？

生：我们在利用改造自然的过程中要保护自然，否则要受到自然的惩罚。

师：对，我们在利用自然、改造自然的过程中，我们要学会充分利用自然规律。好了，今天这堂课我们已经圆满完成了任务，下面我们来练一练。

（教师出示幻灯片，练一练习题，学生看习题）

师：今天这节课我们已经圆满回答了约翰提出的一系列问题，接下来呢，我们不妨一起来练一练。（展示第一题）

（学生看题讨论）

师：谁来？你来讲。

生：C。

师：C。（展示第二题）

（学生看题讨论）

师：第二题是一道组合选择题，做这样的习题要学会排除法，谁来答呢？谁来答呢？请举手！我已经听到了，谁来讲？好，你讲！

生：1、3、4。

师：1、3、4？为什么2不对？（学生沉默）

师：请坐，谁来讲讲，为什么2不对呢？

生：佛教在那个6世纪前后传入中国。

师：6世纪传入中国？

生：佛教是公元前后传入我国，然后商朝是公元前2070年。

师：商朝是在公元前1600年，这个时间上怎样？相差太大了，是不是？相差太大了。看第三题。（展示第三题）

（学生看题讨论）

师：考古队在发现陵墓的时候探测到陵墓的下面还存在着陵墓，你觉得他在发现的过程中，首先应该发现什么再发现什么，最后发现什么？

（学生看题讨论、看书）

师：好，有没有答案了？谁来讲？你来讲！

生：先是夏朝时期的陵墓，然后是半坡人生活遗址，再是蓝田人遗址，古化石。因为夏朝是公元前70年，半坡人是公元前，啊，不，不，是7000年的时候，蓝田人是一百万年前。

师：时间顺序最早的应该在最低层是不是？（展示第四题）这个歌词你帮我填一填。

（学生看题讨论）

师：歌词把它填一下。

（学生继续讨论）

师：啊，哪怕你只能填任意一个也可以随时举手，啊，可以作为抢答题来抢。

（学生继续讨论）

师：有没有答案啊?

(学生进行讨论)

师：讲古代巴比伦王的，巴比伦王。

(学生继续讨论)

师：好了，时间差不多了，有没有答案了，你来讲!

生：第二个。

师：第二个。

生：尼罗河。

师：尼罗河，有没有不同答案，巴比伦王颁布了一个《汉谟拉比法典》，尼罗河里有没有答案? 由于时间的关系，我们把这题可以当做课后一道习题来练习。下课。

第三节　点评研究发现①

复习教学的创新，温故知新愿景的追寻

上海市教育科学研究院　胡庆芳

在传统的初中政治复习课教学中，主要存在如下一些突出的问题：把所有的知识重新串讲一遍，混同于新授课，机械重复性较高；把一堆的试题逐一讲练一遍，等同于练习课，解题应试性较强；对既定的复习范围缺乏分析，内在关联缺失，整体系统性较差；对学生的学习实情缺乏了解，重点、难点不清，目标针对性较弱。本次研究活动就是要在基于"创新课堂复习教学的实践策略"的研究过程中，不断创新，积极实践，及时总结和积累复习课教学行之有效的策略，并反思提炼形成基于复习课教学的理性认识。

三次课执教教师都是执教的人教版《历史与社会》第二单元"文明的起源"的复习课。本单元主要是讲四大文明古国在大江大河流域出现，随

---

① 胡庆芳. 初中政治复习课教学创新的课堂策略研究［J］，思想理论教育，2012：1.

着生产力的发展和社会的分工与阶级的分化而出现了人类历史上最早的国家，最后着重介绍了四大文明古国曾创造的灿烂文明。

一、第一次课试教
课堂教学表现出的积极探索

1. 教师一改传统复习课遵循教材按部就班的复习方法，情境设置了约翰在参加探寻文明起源之奥秘的夏令营活动过程中产生了四个疑惑（四大文明为何都产生于大江大河流域？为何后来生活在这些肥沃地域的普通百姓却不像他们的先辈们那样快乐？四个古国的最高统治者们是如何统治他们的国家的？生活在这些古国的普通百姓创造了怎样的璀璨文明？）以让学生们帮约翰一一解答的形式展开本单元的复习，形式比较新颖，同时也使得复习课的整体感增强。

2. 课堂上执教教师让学生以统治者的角色讲述他们如何实现对国家的统治，学生体验到学习的新鲜和新意。

3. 教师对课本上的知识进行了适度的整合，从而使得知识的学习体现了综合，如对四大文明古国就以填充表格的形式分别从文字、建筑与工艺、科学与技术以及宗教四个方面进行横向的比较。

问题发现

学生更多的时间在重复新课学习过程中学习到的内容，基于原有课本知识碰撞的生成以及认识的提升没有得到体现。

原因诊断

1. 教师没有通过相关的检测或学情反馈得知学生究竟对该内容单元哪些没有掌握或者想要做深入的了解，基本上是按照教材的内容顺序、以创设的情境中虚拟的人物存在的四个疑惑进行了一一的复习。

2. 在一些问题的处理上，教师没有让学生放开讨论，而是直接把自己的理解呈现在课件上教给学生，学生只能是机械地接受。比如在解决有关四大文明古国为什么都是在大江大河流域出现的疑惑时，教师就是直接在课件上呈现出答案：因为大江大河灌溉水源充足，水利资源丰富，地势平坦，土地肥沃；气候温和，有利于农作物的培植和生长，适宜人类居住，能够满足人类生存的基本需要。这说明早期人类对自然环境的依赖性比较强。

3. 在课堂复习收尾的环节，教师设计了以巴比伦的"空中花园"毁灭前后的强烈对比试图引发学生对于古代文明态度的思考，但是启发和引导不够，学生自始至终停留于"保护古代文明"的认识层面，而不能具体展开，也不能进行深化。

课堂教学进行改进的建议

1. 设计单元内容的综合检测题或直接征集学生对本单元内容学习过程中的疑惑，从学生的实际学情出发，展开复习的过程。

2. 依据本单元的内容，设计具有挑战性和开放性的问题，如，"为什么说阶级的分化促进了国家的形成，从而产生了统治阶级和被统治阶级，体现了社会的文明和进步？"提升学生的认识。

3. 在课堂结束时同样设计一个综合性比较强的问题以检测学生当堂课复习的效果。

二、第二次课改进

课堂教学发生的积极变化

1. 教师整堂课以一个个的问题展开，学生思考得多了，机械重复课本内容的现象得到有效避免。如，在提出问题"四大文明古国之间是否有交流？"让学生思考之后，紧接着追问"文化的传播是否只是简单的复制？"随后又提出一个新问题"古国的文明对我们今天产生了哪些影响？"随着一步步的问题引导，从而使得学生也层层深入地思考下去。

2. 课堂检测的作业设计体现了灵活性和创意度，促进学生经历了有意义的反馈过程。如，在考查学生对印度社会等级的划分问题时，教师设计了这样一道题"在古印度有一户家庭，有自己住房，在城里还开有一家棉布店直接销售自己手工制作的衣物。请问这户人家属于什么阶层？选项包括婆罗门、刹帝利、吠舍和首陀罗"。

问题发现

学生对课本知识的盘活不够，教师对学生的学情不够清楚。

原因诊断

1. 有些问题的设计体现了创造性，但是引导不够，结果使得预期的有效的课堂生成没有出现。如，教师就阶级的分化和国家的出现这个历史事实设计了这样的"原始社会人们长幼有序，生活无忧无虑，到了奴隶社会出现了统治阶级和被统治阶级，社会变得不平等了，这体现的是社会的进步还是倒退？"学生无法正面回答，只是讲了在奴隶社会出现了更多的文明，从而说明社会在进步。教师也没有引导学生来辩证地看待这种现象，因为阶级的分化在造成社会分工不同的同时，也从整体上解放并促进了生产力的发展。

另外，教师提到在古巴比伦出现了《汉谟拉比法典》时又这样问学生"《汉谟拉比法典》维护的是统治阶级的利益，对被统治阶级而言不公平，如何评价它的意义？"学生只能消极地评价此部法典的出现。教师没有让学生从一个国家的管理开始从无法可依向依法管理的方向发展的积极意义的高度来认识这个标志事件。

2. 一些能够统领本单元知识内容的综合性问题没有设计，以致降低了复习活动应有的效果。比如，四大文明古国的发展成就是本单元一个比较重要的知识内容，就可以从比较等方面来设计问题以把所有相关的文明成就展现出来。

3. 一些问题的设计旨在实现相关知识的拓展，然而囿于课本本身资源信息的局限，无法有效达成此类目标。比如，教师本次课设计了问题"各文明之间是否有交流？对我们今天的生活有什么样的影响？"特别是对于前一个问题，学生仅能举佛教从印度传到中国的例子，因为课本上只简单提到这一点。

课堂教学继续改进的方向

1. 优化问题的设计，同时加强解题思路与方向的引导。如，在针对四大文明古国庞杂的学习内容方面，可以设计诸如"从整体来看，奴隶社会比原始社会进步表现在哪些方面？以四大古国的文明成就为例"之类的问题。

2. 设计活学活用的表现机会，让学生在轻松愉快的过程中完成相关知识的重组及运用。如，让学生分别角色扮演四个文明古国的国王，让他们自己陈述在位时治理国家的举措和促进各方面发展的实际作为，实现寓学于乐。

3. 设计相关的前测环节，明确学生对于本单元内容有疑惑的地方以便有针对性地确立复习目标。

三、第三次课提高

课堂教学发生的进一步积极变化

1. 教师采用多种策略调动了学生学习的积极性，使学生在复习的过程中表现出了快乐和兴趣。如，在课堂一开始教师就用抢答的方式来吸引学生参与两个测试题的回答；在课堂中间又设计了角色扮演的活动让学生分组准备并最后选代表扮演中国商朝的国王、古代印度的国王、古巴比伦的国王以及古埃及的法老，各自讲述自己的治国方略和文化科技方面的发展；在课堂最后的检测环节，教师引入了周杰伦《爱在西元前》的流行歌曲的歌词让学生填写其中与本单元密切相关的内容，表现的形式多样，新颖活泼。

附1：请用所学过的知识补全周杰伦《爱在西元前》的歌词……

附2：扮演文明古国国王的精彩片段：

女生：我是古巴比伦的国王，是天神和地神的宠人，我的王位来自于神的授予，我的王权至高无上。我还是"巴比伦之王"和"世界四方之王"。我创制了《汉谟拉比法典》，还创造了令世人叹为观止的世界七大奇迹之一的"空中花园"。我所统治的两河流域的人们由于通过观察月亮圆缺的变化规律，编制了太阴历，从星期天到星期六，分别是太阳神，月神……我在位四十年间，使巴比伦成为了一个强盛的国家。

2. 教师在复习过程中很注重的知识的完整和线索整理，从而通过复习使学生认识到知识之间的内在联系与脉络。如，教师在课堂的最后帮助学生勾画形成了本单元清晰的知识脉络，即从蒙昧时代，到文明的起源，人类进入文明的社会，其进步的标志包括国家的出现、文字的发明，以及科学技术领域的发明创造，而四大文明古国就是这一时期文明社会的突出代表。

3. 教师对于复习内容的检测继续创新，呈现了多道有鲜活创意的测试题，很好地促进了学生对知识的整合与使用。如，教师设计了一道有关发掘出的商朝的一个古墓内的物品的选择题，里面不同历史时期的物品混杂，让学生甄别出不可能在商代出现的物品的选项。另外，还就此延伸出了如果继续向下先后看到什么样的物品的选择题，其中选项包括蓝田人遗骨化石、半坡人生活遗址、夏朝时期的村落，这样非常灵活地考查了学生对这些选项出现时间先后顺序是否已正确掌握。

课堂教学继续优化可能的方向

1. 进一步认清本单元的学习目标，即认识文明在哪些地域起源及其主要原因，感受文明社会发展进步的代表及其成就表现，如果要有情感、态度与价值观方面的升华提高，也应该是：要认识到各个历史时期创造的文明都是人类社会共同的财富，我们要保护、传承和发展。而不是像本次课总结的那样：原始社会是适应自然，文明社会是改造自然，所以由此拓展引导让学生对于当今还存在的破坏自然环境的一些现象进行反思感悟，从而认识到遵循自然规律和保护自然环境。

2. 加强复习过程中针对学生的错误的指导纠正，切实落实查漏补缺。如，在本次课让学生扮演四大古国国君陈述各自政绩的环节就有学生把车马坑错误地认为是一种战术，并以此来作为对商王朝国君的功绩加以颂扬。教师没有予以澄清。

四、研究形成的共识及结论

在基于"创新课堂复习教学的实践策略"的研究过程中，通过观察执教教师在实践探索过程中尝试的种种策略的实效性，由此总结提炼形成了以下共识及结论。

（一）复习教学功能的正确定位

日常的复习课教学要体现出以下四个方面的功能，方能确保通过复习的过程达成预期的学习目标：（1）知识整合。因为在之前新授课的过程中，教师主要是引导学生学习每一节课的知识内容，新知识基本上都是存在于学习的各个时段。所以，在阶段的复习课堂上，教师就需要把学过的一个单元的知识或者一个学期的知识整合起来，当成一个整体作为完整的一节复习课来重新设计，从而使得先前零零碎碎的知识点在阶段的复习课上得到系统梳理而成为一个有机的整体。正如执教教师在复习课堂上把四大文明古国的文明成就以表格的形式分门别类地进行横向比较一样。（2）认识提升。新授课主要侧重于当堂课知识内容的理解和适当的练习使用，而阶段的复习课除了帮助学生把曾经学过的知识有机地串联起来以成为一个系统之外，还需要在新授课初次学习的基础上使认识得到升华提高，而绝不是原有认识基础之上的重复。（3）查漏补缺。复习课一个重要的功能就是帮助学生使其在阶段的学习过程中遗留的问题和困惑显现出来，从而在复习课这个学习的"缓冲期"破解疑惑，弥补认识的缺失，从而为后续深入的学习做好准备。（4）检查过关。复习课必须有一定量的检测试题出现，以便于教师和学生都清楚地认识到对于先前的学习还有哪些没有过关，从而利用复习课迎头赶上。

（二）创新复习教学的五个立足点

（1）学生学情的正确把握。没有对于学生学情的准确把握，复习课堂的学习设计就失去了明确的重点和方向，而只能回到当初新授课设计时侧重于学习内容分析的做法，所以难以体现复习课自身的特点和功能。这也成为本次专题研究还需要继续努力探索的方向。严格意义上讲，是基于学生对新知识学习情况的形成性检测，教师设计出本内容范围复习的方案与目标。（2）已学知识的整合重组。先前学习新知识 2 都是散见于一节一节的新授课之中，在阶段的复习课上就需要把这些零散的知识串联起来，让学生看到其间有机的联系。（3）复习过程的主线贯串。复习课同新授课一样，都需要作为一节学习的整体来设计和展开，所以先前多节课的内容在现在进行的复习课上就需要一体化的设计，有一条主线以避免琐碎和零散。（4）复习过程的鲜活生成。复习既然是在阶段新授课进行之后的又一种形式的学习，就势必比新授课更要强调新的生成的出现，否则就会停留于原来水平的重复，于是低效就会不可避免。所以，"温故而知新"是复习课应当要体现的一个基准。（5）复习过程的积极情感。传统的复习课太多地关注了学生的知识与技能的变化，而忽视了复习过程中学生愉快而积极的体验，长此以往，复习课教师教得索然寡味，学生学得也机械腻烦，因此，复习过程中学生积极情感的培育和激发跟新授课一样不可或缺。"寓教于乐"和"寓学于乐"应贯穿整个教学过程的始终。

后　记

　　2011 年 4 月 8 日，一个春光明媚的午后，来自有"中国美丽乡村"之称的安吉的一群特级教师后备人选相聚上海，我们一起聊起了一个与春天的色彩并不相称的严肃的话题，即就自己的经验判断，当前课堂教学最大的问题是什么？其间，有慷慨陈词，也有娓娓道来，很快我们达成了一个共识，即培养学生创新思维品质是大家共同的难题和瓶颈，正是这样一个经由经验判断的共识和对教育事业的热爱，掀开了我们在安吉 5 月 9 日至 13 日深入课堂进行紧锣密鼓实践研究的序幕。

　　2011 年 9 月 14 日，一个艳阳高照的午后，同样的一群人再次齐聚上海，就各自学科将要研究的问题及方案进行交流和研讨，会议室窗外的气温很高，会议室内虽有空调降温但依然可以感觉到思绪万千在澎湃，不知不觉两个多小时已经过去，夕阳不知什么时候躲到了远处的高楼后，沐浴着从窗外散射过来的日晖，我们密密麻麻的会议记录本上终于清晰地列出了四道即将实践研究完成的专题：激发学生课堂学习兴趣的课堂实践研究、课堂教学内容有效组织的实践策略研究、增强学生语言文化意识的课堂教学研究和创新复习课堂教学的行动改进研究！2011 年 10 月 11 日至 13 日、17 日至 19 日注定是两段不平凡的日子：紧张但欣喜着，忙碌也收获着！每天我们披着美丽的晨曦，走进课堂，一起感受执教教师针对专题的实践演绎，一起放飞思绪去想象理想的状态还可能是怎样……大家争先恐后的发言总是把视野拓得很宽很宽，各抒己见中的思绪碰撞与交锋总会把集体的思绪拉得更高更远……

　　在教学的过程中研究，在研究的状态下教学。金秋十月，我们收获了累累硕果，几经研讨与筛选，历经打磨与提炼，终于汇聚成为《点评课堂：博览教学改进的智慧》。

　　全书由上海市教育科学研究院教师发展研究中心胡庆芳博士策划，承担整体框架的设计和各个部分的组稿与统稿，并负责各章各专题核心研究报告的撰写。各章节具体分工如下：

　　第一章第一节由张爱锋、袁东辉、李道顺撰写；第一章第二节由金月敏、袁东辉、楼信芳等组织整理；第一章第三节、第二章第三节、第三章第三节、第四章第三节、第五章第三节由胡庆芳撰写；第二章第一节由田晓艳、李小波、谭利宏撰写；第二章第二节由李道顺、楼信芳组织整理；第三章第一节由周玲玲、史艳红、鲍峰撰写；第三章第二节由彭光彩组织整理；第四章第一节由章璇、沈懿、黄伟华撰写；第四章第二节由黄秋华组织整理；第五章第一节由吴勇杰撰写；第五章第二节由金月敏组织整理。

　　感谢教育科学出版社对我们研究工作的热切关注并由此邀约了这样一个面向中小学教育教学实践过程中的真实问题进行攻坚研究的著述项目，同时也感谢《教育理论与实践》和《中小学外语教学》等全国核心期刊对我们专题研究的核心成果给予的充分肯定和采用发表！我们期望本书的出版可以成为基础教育阶段广大教师实现教学改进的一本参考指南，同时也同样期待正在阅读这本书的专家和同行多与我们联系并给我们提出您宝贵的意见和建议，Closetouch@163.com 永远期待您智慧的声音！

胡庆芳

2011 年 11 月于上海

摆渡者 教师书架（现已出版部分）

丛书名称	主编或作者	书　名	定价(元)
大师背影书系	张圣华	《陶行知教育名篇》	24.90
		《陶行知名篇精选》(教师版)	16.80
		《朱自清语文教学经验》	15.80
		《夏丏尊教育名篇》	16.00
		《作文入门》	11.80
		《文章作法》	11.80
		《蔡元培教育名篇》	19.80
		《叶圣陶教育名篇》	17.80
教育寻根丛书	张圣华	《中国人的教育智慧·经典家训版》	49.80
		《过去的教师》	32.80
		《追寻近代教育大师》	29.80
		《中国大教育家》	22.80
杜威教育丛书	单中惠	《杜威教育名篇》	19.80
		《杜威学校》	25.80
		《杜威在华教育讲演》	29.80
班主任工作创新丛书	杨九俊	《班集体问题诊断与建设方略》	19.80
		《班主任教育艺术》	22.80
		《班级活动设计与组织实施》	23.80
新课程教学问题与解决丛书	杨九俊	《新课程教学组织策略与技术》	16.80
		《新课程教学现场与教学细节》	15.00
		《新课程备课新思维》	16.80
		《新课程教学评价方法与设计》	16.80
		《新课程说课、听课与评课》	16.80
新课程课堂诊断丛书	杨九俊	《小学语文课堂诊断》(修订版)	18.60
		《小学数学课堂诊断》(修订版)	18.60
		《小学综合实践活动课堂诊断》	23.60
		《小学品德与生活(品德与社会)课堂诊断》	22.80
名师经验丛书	肖　川	《名师备课经验》(语文卷)	25.80
		《名师备课经验》(数学卷)	25.60
		《名师作业设计经验》(语文卷)	25.00
		《名师作业设计经验》(数学卷)	25.00
个性化经验丛书	华应龙	《个性化作业设计经验》(数学卷)	19.80
		《个性化备课经验》(数学卷)	23.80
	于永正	《个性化作业设计经验》(语文卷)	20.60
		《个性化备课经验》(语文卷)	23.00

丛书名称	主编或作者	书　　名	定价(元)
深度课堂丛书	《人民教育》编辑部	《小学语文模块备课》	18.00
		《小学数学创新性备课》	18.60
课堂新技巧丛书	郑金洲	《课堂掌控艺术》	17.80
课改新发现丛书	郑金洲	《课改新课型》	19.80
		《学习中的创造》	19.80
		《多彩的学生评价》	26.00
教师成长锦囊丛书	郑金洲	《教师反思的方法》	15.80
校本教研亮点丛书	胡庆芳	《捕捉教师智慧——教师成长档案袋》	19.80
		《校本教研实践创新》	16.80
		《校本教研制度创新》	19.80
		《精彩课堂的预设与生成》	18.00
		《让孩子灵性成长:青少年野外活动教育创新》	20.00
		《联片教研模式创新:一题一课一报告》	23.00
美国教育新干线丛书	胡庆芳	《美国学生课外作业集锦》	35.80
美国中小学读写教学指导译丛	胡庆芳　程可拉	《教会学生记忆》	22.50
		《教会学生写作》	22.50
		《教会学生阅读:方法篇》	25.00
		《教会学生阅读:策略篇》	24.80
提升教师专业实践力译丛	胡庆芳　程可拉	《创造有活力的学校》	22.50
		《有效的课堂管理手册》	24.00
		《有效的课堂教学手册》	32.80
		《有效的课堂指导手册》	24.80
		《有效的教师领导手册》	25.80
		《提升专业实践力:教学的框架》	30.80
		《优化测试,优化教学》	22.50
		《有效的课堂评价手册》	26.80
中小学教师智慧锦囊丛书	费希尔	《初为人师:教你100招》	16.00
	奥勒顿	《把复杂问题变简单——数学教学100招》	17.00
	格里菲思	《精彩的语言教学游戏》	17.00
	墨菲	《历史教学之巧》	18.00
	沃特金　阿伦菲尔特	《100个常用教学技巧》	16.00
	扬	《管理学生行为的有效办法》	16.00
	鲍凯特	《让学生突然变聪明》	17.00
	库兹	《事半功倍教英语》	17.00
	鲍凯特	《这样一想就明白——100招教会思考》	17.00
	海恩斯	《作文教学的100个绝招》	15.00
教育心理	俞国良　宋振韶	《现代教师心理健康教育》	25.80

丛书名称	主编或作者	书　名	定价(元)
教师在研训中成长丛书	胡庆芳　林相标	《校本培训创新:青年教师的视角》	21.80
		《教师专业发展:专长的视野》	21.60
		《听诊英语课堂:教学改进的范例》	31.60
		《提升教师教学实施能力》	22.00
中小学课堂教学改进丛书	胡庆芳　王　洁	《改进英语课堂》	32.80
		《改进科学课堂》	26.00
		《改进语文课堂》	28.00
		《改进数学课堂》	31.00
		《点评课堂:博览教学改进的智慧》	28.00
其他单行本	胡庆芳	《美国教育 360 度》	15.80
	徐建敏　管锡基	《教师科研有问必答》	19.80
	杨桂青	《英美精彩课堂》	17.80
	陶继新	《教育先锋者档案》(教师版)	16.80
	单中惠	《西方教育思想史》	59.80
	孙汉洲	《孔子教做人》	27.90
	丰子恺	《教师日记》	24.80
	陶　林	《家有小豆豆》	27.00
	徐　洁	《教师的心灵温度》	26.50
	赵　徽　荆秀红	《解密高效课堂》	27.00
	赖配根	《新经典课堂》	29.00
	严育洪	《这样教书不累人》	27.00
	管锡基	《中小学综合实践活动课程资源包》	39.80
	孟繁华	《赏识你的学生》	29.80
	申屠待旦	《教育新概念——教师成长的密码》	27.00
	严育洪　管国贤	《让学生灵性成长》	28.00

　　"新课程教学问题与解决丛书"荣获第七届全国高校出版社优秀畅销书一等奖!

　　《陶行知教育名篇》荣获第八届全国高校出版社优秀畅销书一等奖!

　　"大师背影书系"荣获第八届全国高校出版社优秀畅销书二等奖!

　　《名师作业设计经验》(语文卷)、《名师作业设计经验》(数学卷)、《名师备课经验》(语文卷)荣获第 17 届上海市中小学幼儿园优秀图书三等奖!

　　《西方教育思想史》荣获全国第二届教育科学优秀成果二等奖(1999)!

　　在 2006 年全国教师教育优秀课程资源评审中,"新课程教学问题与解决丛书"中的《新课程教学组织策略与技术》《新课程教学现场与教学细节》《新课程备课新思维》和《新课程说课、听课与评课》被认定为新课程通识课推荐使用课程资源,《陶行知教育名篇》被认定为新课程公共教育学推荐使用课程资源,《课改新课型》被认定为新课程通识课优秀课程资源,《小学语文课堂诊断》被认定为新课程语文课优秀课程资源,《小学数学课堂诊断》被认定为新课程数学课推荐使用课程资源!